Johann Georg Seidenbusch

Katholische Andachtsübung oder Gebet

Johann Georg Seidenbusch

Katholische Andachtsübung oder Gebet

ISBN/EAN: 9783743624092

Hergestellt in Europa, USA, Kanada, Australien, Japan

Cover: Foto ©Lupo / pixelio.de

Weitere Bücher finden Sie auf **www.hansebooks.com**

Catholische Andachts Vbung

Oder
Gebett vnnd sechzöhen Lob-
Gesänglein /
Von der allerheiligisten
Dreyfaltigkeit /
Dem Hochwürdigsten Sacrament / Creutz vnd Leyden vnsers Erlösers / vnd der allerseeligsten vnd vnbefleckten Jungfraw
MARIA,
Welche in dem GOtt geweichtẽ H. Marianischen Hauß zu Aufhausen (in mitte zwo Städt Regenspurg vnnd Straubing ligend) Abends Täglich gehalten wird.
Erstlich auß allergnädigster Milde Ihrer Majestät der Verwittibten Röm: Kayserin
ELEONORA
In Druck gegeben.
Nun das andermal / auff viller Begehrn Nachgedruckt / vnd mit Lob-Gesänglein vermehret Durch Johann Georg Seidenbusch / Camerer vnd Pfarrer daselbst.
Cum Facultate Superiorum.

Gedruckt in der Churfürstl: Haupstatt Straubing Bey Johan: Chrysostomus Haan / 1676.

Demütiger Gruß vnd Erinnerung an die Mutter GOttes zu Auffhausen/ vor dem Gnaden-Bild Andächtig zusprechen.

MARIA von Auffhausen/
 Wir grüssen dich in deiner Clausen/
So du dir zu einer Rast/
 Vor etlich Jahren erwöhlet hast.
Zu München warest auff eim Saal/
 Allhier ein Stadl sambt dem Stall/
Hast dir demütig außerwöhlt/
 Der Stall dir besser als Saal gefällt.
Schier als wie dein liebster Sohn/
 Der auch verlassen seinen Thron/
Hat hier für vns auff diser Erden/
 Im Stall wollen gebohren werden.
Da er das zwölffte Jahr angfangen/
 Ist er in den Tempel gangen/
Hast ihn sambt Joseph nirgends kunden/
 Als eintzig in dem Tempel finden.
Also nach dem nun bey zwölff Jahren/
 Schlechte örtlein dein Wonung waren/
Wirst nun nach deines Sohns Exempel/
 Albereit gefunden in dem Tempel.

Ein newe Kirch ist auffgericht /
 So GOtt vnd dir zu Ehren geschicht /
Sie steht im Garten wol vnd fein /
 Ist gleich als wie ein Clösterlein.
Man halt all Tag ein Letaney /
 Sambt schöner Gsänglein vilerley /
Mit Rosenkrantz wirst offt geziert /
 So dir vnd deinem Sohn gebürt.
Vil Krancken hast die Gsundheit bracht /
 Die trawrig tröst bey Tag vnd Nacht /
Ja reich vnd arm / groß vnd klein /
 Hast mitgethailt die Gnaden dein.
Ein gwisse Hoffnung bey GOttes Thron /
 Bist allen durch dein lieben Sohn /
Nun thue disen für vns bitten /
 So für vns all den Todt gelitten.
O MARIA gnant zum Schnee /
 Wend ab von vns all Ach vnd Wehe /
Und hilffe vns in allen Nöthen /
 Auß aller Gfahr thue vns erretten.
Daß wir einmal nach vnserm Sterben /
 Nicht kommen Ewig zum Verderben /
Sondern mit dir im Himmel oben /
 GOTT ehren / preysen / vnd Ewig loben.

 Andäch-

Andächtige Verehrung der Mutter GOttes durch ihre fürnembste EhrenTitul/ dardurch Gnad zuerlangen.

Gegrüsset seyest du Maria/ du allerdemütigiste Magd der heiligisten Dreyfaltigkeit. Gegrüsset seyest du Maria/ du allerheiligiste vor-außerwölte Tochter Gott deß Vatters. Gegrüsset seyest du Maria/ du allerwürdigiste Mutter unsers HErrn JEsu Christi. Gegrüsset seyest du Maria/ du allerliebste Gespons deß Heiligen Geistes. Gegrüsset seyest du Maria/ du allerschönste Schwester der Engelein. Gegrüsset seyest du Maria/ du gewünschte Verheissung der Propheten. Gegrüsset seyest du Maria/ du herzliche Königin der Patriarchen. Gegrüsset seyest du Maria/ du warhafftige Maisterin der Evangelisten. Gegrüsset seyest du Maria/ du fürsichtige Lehrerin der Aposteln. Gegrüsset seyest du Maria/ ein veste Stärckerin der Martyrer. Gegrüsset seyest du Maria/ ein süsser Brunn unnd Vollkommenheit der Beichtiger. Gegrüsset seyest du Maria/ ein liebliche Zier und Cron der Jungfrawen. Gegrüsset seyest du Maria/ ein bereites Hail und Tröste-

Trösterin der Lebendigen vnd Verstorbenen / sey bey vns in vnseren Anfechtungen / Trübseeligkeit / Angst vnd Noth; lasse dir sonderlich befohlen seyn / alle so dich mit Andacht an disem Orth verehren / vnd denen wir wegen dessen auff einigerley weiß verobligirt seyn / zeige dich vnser Mutter vnnd Patronin / jetzt / vnd fürnemblich in der letzten Stund vnsers Absterbens /
AMEN.

Intention

Intention vnd Auffopfferung der Andacht/ so Täglich nach vndergang der Sonnen in dem Marianischen Hauß vor dem H. Gnaden-Bild gehalten wird.

Allmächtiger gütiger vnnd barmhertziger GOtt/ wir opffern dir heutigs Tags auff all vnser Thun vnd Lassen/ Handel vnd Wandel/ Leben vnd Sterben/ eusserliche vnd innerliche Kräfften/ sonderlich vnser Gebett vnd Andacht/ dir zu einem jmerwärenden Lob vñ Ehr/ Christo JEsu dem Gecreutzigten in dem allerheiligisten Sacrament/ für sein H. Leyden vnd Sterben zu schuldiger Danckfagung. Auch deiner allerliebsten vnd wunderbarlichen Mutter/ vnser gnädigsten Frawen vñ Patronin Mariæ/ als getrewesste Diener zu beständiger Lieb vnd Ehrerbietung. Dann auch allen Außerwöhlten in dem Himel/ (sonderbar aber vnsern Heyl. Patronen) zu gebürender Verehrung/ mit angehengter eyfferiger Bitt vnd Anlangen/ du wollest von diser vnser Andacht den Nutz vnd Frucht allen Lebendigen vnd Verstorbenen in gemein mittheilen/ sonderbar aber laß solche reichlich geniessen alle Marianische Guttthäter vnd Guttthäterin/ auch jhre trewe Diener vnd Dienerin/ vnd alle denen wir auff einigerley weiß verobligirt vñ schuldig seyn. Dencke auch/ O Gott/ an all die jenige/ so in einer Noth oder Anligen jhr Vertrawen setzen zu disem Orth vnd Andacht/ dz sie durch dein vnendliche Güte/ vnd Fürbitt Mariæ/ auß solcher errettet werden/ Amen.

Die

der Andacht.

Die Letaney von dem leyden-
ten vnd sterbenden JEsu / mit angehengter Lauretanischen Letaney.

✠ ✠ ✠

Im Namen GOtt deß Vatters / vnd deß Sohns / vnd deß heiligen Geists / Amen.

HERR erbarm dich vnser.
Christe erbarm dich vnser.
HERR erbarm dich vnser.
 Christe höre vns.
 Christe erhöre vns.
GOtt Vatter vom Himmel /
GOtt Sohn Erlöser der Welt /
GOtt heiliger Geist /
Heilige Dreyfaltigkeit einiger GOtt /
JEsu vmb dreyssig Silberling verkaufft / vnd mit dem Kuß von Juda verrathen /
JEsu in der heiligen Angst auff dem Oelberg von dem Engel gestärckt /
JEsu wie ein Ubelthäter gefangen vnnd gebunden /
JEsu vor dem Hohen Priester Anna mit Fäusten geschlagen.
JEsu in dem Hauß Caiphæ dreymal von Petro verlaugnet /
JEsu vor dem Pilato fälschlich angeklaget /
JEsu von Herode im weissen Klayd verspotet /

Erbarme dich vnser.

A 4 JEsu

JEsu mit Gaißlen erbarmlich zerfleischet/
JEsu mit Speichel verspyen/ vnnd mit Dör-
nern schmertzlich gekrönet/
JEsu zum schmählichen Todt deß Creutzes
verurtheilet/
JEsu mit dem schweren Last deß Creutzes
Unmenschlich geschlaifft/
JEsu mitten vnter den Mördern gecreutziget/
JEsu mit geneigtem Haupt in bitterster Todts-
Angst für vns am Creutz gestorben/

} Erbarm dich vnser.

JEsu sey vns gnädig/ Verschon vnser/ O HErr.
JEsu sey vns gnädig/ Erhöre vns O HErr.
Von vnwürdiger Niessung deines allerheiligsten
Leibs vnd Bluts im allerheiligsten Sacrament/
Erlöse vns O HErr.
Vor Krieg/ Hunger/ Pest vnnd allem Ubel/
Erlöse vns O HErr.
Vor Sünden/ vnnd dem ewigen Todt/ Erlöse
vns O HErr.
Durch dein bitters Leyden vnnd schmertzlichen
Todts-Angst/ Erlöse vns O HErr.
Durch die siben klägliche Wort am H. Creutz/ Er-
löse vns O HErr.
Wir arme Sünder bitten dich / Wir bitten dich
erhöre vns.
Daß du vnser verschonest/ Wir bitten dich erhö-
re vns.
Daß du die Gedächtnuß deines heiligen Leydens
vnnd Sterbens in vnsern Hertzen allzeit er-
halten

halten wollest / Wir bitten dich erhöre vns.
Daß du vns wahre Buß / vnd ein seeliges End
verleyhen wollest / Wir bitten dich erhöre
vns.
Daß du alle gegenwertige vnd abwesende diser
Andacht zugethane in deiner Gnad erhalten
wollest / Wir bitten dich erhöre vns.
Daß du allen Abgestorbenen / sonderbar denen /
so wir auff einigerley weiß verobligirt seyn /
die ewige Rast vnd Ruhe verleyhen wollest /
Wir bitten dich erhöre vns.

Hier wird auff nachfolgende Weiß die Letaney von Maria obiger angehengt.

Heilige Maria /
 Heilige Gottes Gebärerin/
 Heilige Jungfraw aller Jungfrawen /
Mutter Christi /
Mutter der Göttlichen Gnaden /
Allerreineste Mutter /
Allerkeuscheste Mutter/
Du vngeschwächte Mutter/
Du vnbefleckte Mutter /
Du liebliche Mutter/
Du Wunderbarliche Mutter/
Du Wunderbarliche Mutter/
Du Wunderbarliche Mutter/
Mutter vnsers Schöpffers/
Mutter vnsers Erlösers.

Bitt für vns.

A v Du

Du allerweiseste Jungfraw /
Du Ehrwürdige Jungfraw /
Du lobwürdige Jungfraw /
Du gewaltige Jungfraw /
Du gütige Jungfraw /
Du getrewe Jungfraw /
Du Spiegel der Gerechtigkeit /
Du Sitz der Weißheit /
Du Ursach vnsers Hails /
Du Geistliches Gefäß /
Du Ehrwürdiges Gefäß /
Du fürtreffliches Gefäß der Andacht /
Du Geistliche Rosen /
Du Thurn Davids /
Du Helffenbainener Thurn /
Du Guldenes Hauß /
Du Arch deß Bunds /
Du Himmels Porten /
Du Morgenstern /
Du Hail der Krancken /
Du Hail der Krancken /
Du Hail der Krancken /
Du Zuflucht der Sünder /
Du Trösterin der Betrübten /
Du Helfferin der Christen /
Du Königin der Engel /
Du Königin der Patriarchen /
Du Königin der Propheten /
Du Königin der Apostel /

Bitt für vns.

Du

der Andacht.

Du Königin der Martyrer / Bitt für vns.
Du Königin der Beichtiger / Bitt für vns.
Du Königin der Jungfrawen / Bitt für vns.
Du Königin aller Heiligen / Bitt für vns.
Alle Heylige Außerwöhlte Gottes / Bittet für vns.

O du Lamb Gottes / welches du hinnimbst die Sünd der Welt / Verschone vnser / O HErr.
O Du Lamb Gottes / welches du hinnimbst die Sünd der Welt / Erhöre vns / O HErr.
O du Lamb Gottes / welches du hinnimbst die Sünd der Welt / Erbarm dich vnser O HErr.
Christe / höre vns.
Christe / erhöre vns.

Tägliche Empfehlung in die Heiligiste fünff Wunden Christi JEsu vnsers Erlösers vnd Seeligmachers.

Du allerheiligiste Wunden der gebenedeyten rechten Hand / der gebenedeyten lincken Hand / deß gebenedeyten rechten Fuß / deß gebenedeyten lincken Fuß / deß gebenedeyten Hertzen vnd Seyten / vnsers einigen Hailands / Erlösers vnnd Seeligmachers JESU Christi / sey gnädig vnnd Barmhertzig vnsern schweren Sünden vnd Missethaten / lösche dieselbe auß mit deinem kostbarlichen allerheiligisten Blut

Bluts welches auß dir gefloſſen/ erledige vns von allem Ubel der Seelen vnd deß Leibs/ gibe vns in deiner Göttlichen Gnad vnnd allem guten biß an das End vnſers Lebens beſtändig zuberharren/ vnd erbarme dich vnſer in der letzten Stund vnd Augenblick vnſers Abſterbens/ Amen.

Hie werden andächtig mit heller Stimm gebettet fünff Vatter vnſer vnd AveMaria ſambt dem Glauben.

℣. Wir betten dich an vnd loben dich.
℟. Der du vns vnd die gantze Welt erlöſet haſt.

Allmächtiger vnd Barmhertziger GOtt/ der du vns in der Hölen vnd Felſen/ nemlich in den allerheiltgiſten gnadenreichen fünff Wunde vnſers HErrn Jeſu Chriſti/ in aller Trübſal/ Angſt vnd Noth ein ſonderbare Zuflucht vnd Schutz gendtiglich berattet; verleyhe vns durch die vnendliche Verdienſt derſelben/ wahre Buß/ Gnad vnd Verzeyhung vnſerer Sünden/ vnd dich auß gantzem Hertzen zu lieben. Damit/ wann wir auß diſem elenden Jammerthal abſcheiden/ auß Krafft vnd Würckung deß koſtbarlichen Bluts welches diſe heilige Wunden vergoſſen: in der Göttliche/ auß vnendlicher Lieb für vns verwundten Seiten vnd Hertzen/ als in einer vnüberwindlichen Veſtung vnd Burg/ vor allen Teufliſchen

Nach-

der Andacht.

Nachstelung vñ Anlauff vns sicher verbergen / vnd vor dem strengen Richterstuhl deß höchsten Richters der Lebendigen vnd der Todten erscheinen / vnd dise seine allerheiligiste glorwürdigiste Wunden / welche klarer als alle Stralen der Sonnen / an jenem letzten Tag mit Frewden ansehen / vnd das liebreiche Vrthail der Außerwöhlten / kommet her jhr Gebenedeyte meines Vatters / anhören mögen / durch eben disen vnsern HErrn JEsum Christum / Amen.

Vnter deinem Schutz vnnd Schirm fliehen wir / O heilige Gebärerin Gottes verschmähe nicht vnser Gebett in vnsern Nöthen / sondern erlöse vns allzeit von aller Gefährligkeit / O du glorwürdige vnd gebenedeyte Jungfraw / vnser Fraw / vnser Mitlerin / vnser Fürsprecherin / versöhne vns mit deinem Sohn : befehle vns deinem Sohn: fürstelle vns deinem Sohn

℣. Bitt für vns O heilige Gottes Gebärerin.
℟. Auff daß wir der Verheissung Christi würdig werden.

Gebett.

Wir bitten O HErr / gieß deine Gnad in vnsere Hertzen / auff daß wir / die da Christi deines Sohns Menschwerdung auff deß Engels Verkündigung erkennet haben / durch sein Leyden vnnd Creutz zu der herrlichen
vnd

vnnd glorwürdigen Aufferstehung gebracht werden. Durch denselben Christum vnsern HErrn/ Amen.

℣. Bitt für vns O du allerseeligster Joseph.
℟. Auff daß wir der Verheissung Christi würdig werden.

WIr bitten dich O HERR / daß vns durch die Verdienst deß Brätigams deiner allerheiligisten Gebärerin geholffen werde / damit was vnser Vermögen nicht erhalten kan / vns dasselbig durch seine Fürbitt geschenckt werde / der du lebest vnnd regierest in Ewigkeit Amen.

Hie wird auß nachkommenden Gesänglein für ein jeden Tag sein gewisses eingeruckt / nach verrichtem Gesänglein / wird folgender Segen mit Andacht gesprochen.

DIe allerheiligiste Dreyfaltigkeit/ Gott Vatter/ Sohn/ vnd heiliger Geist/ der Frid vnsers HErrn JEsu Christi/ die Krafft vnd Verdienst seines allerheiligstē Lebens/ bitterften Leydens vnd Sterben / das Sigreiche Zeichen des hochheiligen Creutzes/ die Reinigkeit der glorwürdigsten vnd vnbefleckten Jungfrawen vnd Mutter Gottes Mariæ / die Behütung vnd Bewahrung der heiligē Engel vnd seligē Geister/

die

die Fürbitt aller heiligen Außerwölten Gottes/ vnd
der Sig-Titul vnsers einigen Heylands Erlösers
vnnd Seligmachers (JEsus von Nazareth ein
König der Juden) durch seine allerheiligiste fünff
Wunden / wolle vns behüten vnd bewahren vor
allen vnsern Feinden/ sichtbarlichen vnnd vnsicht-
barlichen/ auch vor aller Gefahr der Seelen vnnd
deß Leibs / jetzt vnnd allezeit / fürnemblich aber in
der letzten Stund vnd Augenblick vnsers Abster-
bens/ Amen.

Ein Lob-Spruch der allerheiligisten Dreyfaltigkeit vnd Christi JESU/ in dem allerheiligisten Sacrament.

Hoch gelobt vnd gebenedeyet sey die allerheiligiste Dreyfaltigkeit/ GOtt Vatter/
GOtt Sohn/ GOtt heiliger Geist/ vnnd
JESUS Christus der Gecreutzigte in dem allerheiligisten Sacrament/ speise vnd trancke vnd
an vnserm letzten End/ vnnd alle Christglaubige
Seelen zu dem ewigen Leben/ Amen.

Nach solchen werden mit der Glocken drey
Zeichen gegeben / vnd dise Andacht mit dem gewöhnlichen Abend-Gebett der drey Abe Maria beschlossen/ allwo man auch aller Verstorbnen Guetthäter/ sammentlich mit einem Vatter vnser vnd Abe ingedenck ist.

<div align="right">End.</div>

Tägliche Ubung

Endliches Schluß-Gebett/ dardurch alle obige Andacht mit eifferigen Willen / vnd hertzlicher Rew vnnd Leyd über die Sünd/ auch guten Fürsatz eines bessern Leben beschlossen wird.

Ewiger vnendlicher gütiger GOTT/ wir haben dir heutiges Tag auffgeopffert diß vnser Gebett vnd Andacht/ wir wünschen vnd verlangen/ daß wir dich also dardurch geliebt vnd verehrt hetten / als es heut in der gantzen Welt von allen frommen Christen: ja in dem Himmel von allen Außerwöhlten geschehen / wolten wir solches gern gethan haben. Nimme also an vnd auff vnsern guten Willen vnnd Begierd/ es ist vns auch hertzlich leyd daß wir dich / als das höchste Gut/ so offt vnd vilfältig beleydiget haben. Wir haben ein guten vnnd steiffen Fürsatz/ dich ein so lieben vnnd gütigen GOTT nicht mehr zubeleydigen. Gibe vns derohalben dein Göttliche Gnad / hinfüran das böse zu meyden/ vnnd das gute zu würcken/ auch stehe vns bey in allen vnsern Thun vnd Lassen / wider sichtbare vnd vnsichtbare Feind/ vnd behüte vns vor allem Ubel der Seelen vnd deß Leibs/ sonderbar aber durch die Verdienst Christi JESU / vnd Fürbitt der allerseeligsten Jungfrawen Maria/ auch aller Außerwöhlten/ in der letzten Stund vnd Augenblick vnsers Absterbens Amen. 1. Am

1. Am Sontag.

Das erste Lobgesang zu der allerheiligsten Dreyfaltigkeit.

Wie die erste Melodey.

I.

GOtt zu Ehren lasset vns hören/
Laßt vns mehren seine Ehren/
Sein Lob von vns zu allerzeit/
Von nun an biß in Ewigkeit/
Laßt vns loben / laßt vns loben die heiligste Dreyfaltigkeit/
GOtt Vatter Sohn vnd H. Geist.

NB. Das obstehende (Laßt vns loben) wird zu einem jeden Gesätzlein widerholet.

2. Thut nun singen/ laßt erklingen
GOttes Lob mit höchster Frewd/
Hertz vnd Mund zu aller Stund/
GOtt zu loben sey bereit.
Laßt vns loben/ ꝛc. wie oben.

3. Alls was lebet / als was schwebet/
Lob die heiligste Dreyfaltigkeit /
Als erfrewe / benedeyde/
Seinen GOtt in Ewigkeit.
Laßt vns loben/ ꝛc. wie oben.

4. GOtt der Vatter ein Erschaffer
Der Menschen all zur Seeligkeit/
Hat geboren/ vns erkoren/
Seinen Sohn von Ewigkeit/

der Andacht.

Am Sontag

Das ander Lobgesang/ darinn alle Creaturen
zu dem Lob GOTTes beruffen
werden.

I I.

Uber die andere Melodey.

1.

FAngt an GOTT zu ehren /
Ein Gesänglein laßt vns hören /
Zu GOttes Lob mit gröster Frewd /
Im Himmel auff Erden /
Was gfunden kan werden /
Alles zum Lobgesang mach sich bereit /
All Creatur / was in Natur /
Solle GOTT loben gantz Rain und Pur.

2.

Der Tag mit der Sonne /
Die Nacht mit dem Monne /
Und all Planeten in dem Firmament /
Inß gmain alle Stern/
Auff dises Begern /
Sollen GOTT loben ohn alles End /
Deß Himmels-Blaue / der Morgenröthehaue /
Sollen GOTT loben ohn alles End.

B ij　　　　3. Die

JEsu mit Gaißlen erbarmlich zerfleischet /
JEsu mit Speichel verspyen / vnnd mit Dörnern schmertzlich gekrönet /
JEsu zum schmählichen Todt deß Creutzes verurtheilet /
JEsu mit dem schweren Last deß Creutzes Unmenschlich geschlaifft /
JEsu mitten vnter den Mördern gecreutziget /
JEsu mit geneigtem Haupt in bitterster Todts-Angst für vns am Creutz gestorben /

} Erbarm dich vnser.

JEsu sey vns gnädig / Verschon vnser / O HErr.
JEsu sey vns gnädig / Erhöre vns O HErr.
Von vnwürdiger Niessung deines allerheiligsten Leibs vnd Bluts im allerheiligsten Sacrament / Erlöse vns O HErr.
Vor Krieg / Hunger / Pest vnnd allem Ubel / Erlöse vns O HErr.
Vor Sünden / vnnd dem ewigen Todt / Erlöse vns O HErr.
Durch dein bitters Leyden vnnd schmertzlichen Todts-Angst / Erlöse vns O HErr.
Durch die siben klägliche Wort am H. Creutz / Erlöse vns O HErr.

Wir arme Sünder bitten dich / Wir bitten dich erhöre vns.
Daß du vnser verschonest / Wir bitten dich erhöre vns.
Daß du die Gedächtnuß deines heiligen Leydens vnnd Sterbens in vnsern Hertzen allzeit erhalten

der Andacht.

halten wollest / Wir bitten dich erhöre vns.
Daß du vns wahre Buß / vnd ein seeliges End
verleyhen wollest / Wir bitten dich erhöre
vns.
Daß du alle gegenwertige vnd abwesende diser
Andacht zugethane in deiner Gnad erhalten
wollest / Wir bitten dich erhöre vns.
Daß du allen Abgestorbenen / sonderbar denen /
so wir auff einigerley weiß verobligirt seyn /
die ewige Rast vnd Ruhe verleyhen wollest /
Wir bitten dich erhöre vns.

Hier wird auff nachfolgende Weiß die Letaney von Maria obiger angehengt.

Heilige Maria /
Heilige Gottes Gebärerin /
Heilige Jungfraw aller Jungfrawen /
Mutter Christi /
Mutter der Göttlichen Gnaden /
Allerreineste Mutter /
Allerkeuscheste Mutter /
Du vngeschwächte Mutter /
Du vnbefleckte Mutter /
Du liebliche Mutter /
Du Wunderbarliche Mutter /
Du Wunderbarliche Mutter /
Du Wunderbarliche Mutter /
Mutter vnsers Schöpffers /
Mutter vnsers Erlösers.

Bitt für vns.

Du

Du allerweiseste Jungfraw /
Du Ehrwürdige Jungfraw/
Du lobwürdige Jungfraw/
Du gewaltige Jungfraw /
Du gütige Jungfraw /
Du getrewe Jungfraw /
Du Spiegel der Gerechtigkeit/
Du Sitz der Weißheit /
Du Ursach vnsers Hails /
Du Geistliches Gefäß/
Du Ehrwürdiges Gefäß /
Du fürtreffliches Gefäß der Andacht/
Du Geistliche Rosen/
Du Thurn Davids/
Du Helffenbainener Thurn/
Du Guldenes Hauß /
Du Arch deß Bunds/
Du Himmels Porten/
Du Morgenstern /
Du Hail der Krancken/
Du Hail der Krancken/
Du Hail der Krancken/
Du Zuflucht der Sünder /
Du Trösterin der Betrübten/
Du Helfferin der Christen/
Du Königin der Engel /
Du Königin der Patriarchen/
Du Königin der Propheten/
Du Königin der Apostel /

Bitt für vns.

Du

der Andacht.

Du Königin der Martyrer / Bitt für vns.
Du Königin der Beichtiger / Bitt für vns.
Du Königin der Jungfrawen / Bitt für vns.
Du Königin aller Heiligen / Bitt für vns.
Alle Heylige Außerwöhlte Gottes / Bittet für vns.

O du Lamb Gottes / welches du hinnimbst die Sünd der Welt / Verschone vnser / O HErr.
O Du Lamb Gottes / welches du hinnimbst die Sünd der Welt / Erhöre vns / O HErr.
O du Lamb Gottes / welches du hinnimbst die Sünd der Welt / Erbarm dich vnser O HErr.
Christe / höre vns.
Christe / erhöre vns.

Tägliche Empfehlung in die Heiligiste fünff Wunden Christi JEsu vnsers Erlösers vnd Seeligmachers.

Du allerheiligiste Wunden der gebenedeyten rechten Hand / der gebenedeyten lincken Hand / deß gebenedeyten rechten Fuß / deß gebenedeyten lincken Fuß / deß gebenedeyten Hertzen vnd Seyten / vnsers einigen Hailandts / Erlösers vnnd Seeligmachers JESU Christi / sey gnädig vnnd Barmhertzig vnsern schweren Sünden vnd Missethaten / lösche dieselbe auß mit deinem kostbarlichen allerheiligisten
Blut

Blut/ welches auß dir geflossen/ erledige vns von allem Ubel der Seelen vnd deß Leibs / gibe vns in deiner Göttlichen Gnad vnnd allem guten biß an das End vnsers Lebens beständig zuberharren / vnd erbarme dich vnser in der letzten Stund vnd Augenblick vnsers Absterbens / Amen.

Hie werden anddächtig mit heller Stim̃ gebettet fünff Vatter vnser vnd AveMaria sambt dem Glauben.

℣. Wir betten dich an vnd loben dich.
℟. Der du vns vnd die gantze Welt erlöset hast.

Allmächtiger vnd Barmhertziger GOtt/ der du vns in der Hölen vnd Felsen/ nemlich in den allerheiligisten gnadenreichen fünff Wund vnsers H Errn Jesu Christi/ in aller Trübsal/ Angst vnd Noth ein sonderbare Zuflucht vñ Schutz genädiglich berattet; verleyhe vns durch die vnendliche Verdienst derselben/ wahre Buß/ Gnad vnd Verzeyhung vnserer Sünden/ vnd dich auß gantzem Hertzen zu lieben. Damit/ wann wir auß disem elenden Jammerthal abscheiden/ auß Krafft vnd Würckung deß kostbarlichen Bluts welches dise heilige Wunden vergossen: in der Göttliche/ auß vnendlicher Lieb für vns verwundten Seiten vnd Hertzen/ als in einer vnüberwindlichen Vestung vnd Burg/ vor allen Teufflischen

Nach-

der Andacht.

Nachstelung vñ Anlauff vns sicher verbergen/ vnd vor dem strengen Richterstuhl deß höchsten Richters der Lebendigen vnd der Todten erscheinen/ vnd dise seine allerheiligiste glorwürdigiste Wunden/ welche klarer als alle Stralen der Sonnen/ an jenem letzten Tag mit Frewden ansehen/ vnd das liebreiche Vrthail der Außerwöhlten/ koṁet her jhr Gebenedeyte meines Vatters/ anhören mögen/ durch eben disen vnsern HErrn JEsum Christum/ Amen.

Vnter deinem Schutz vnnd Schirm fliehen wir/ O heilige Gebärerin Gottes verschmähe nicht vnser Gebett in vnsern Nöthen/ sondern erlöse vns allzeit von aller Gefährligkeit/ O du glorwürdige vnd benedeyte Jungfraw/ vnser Fraw/ vnser Mitlerin/ vnser Fürsprecherin/ versöhne vns mit deinem Sohn: befehle vns deinem Sohn: fürstelle vns deinem Sohn

℣. Bitt für vns O heilige Gottes Gebärerin.
℟. Auff daß wir der Verheissung Christi würdig werden.

Gebett.

Wir bitten O HErr/ gieß deine Gnad in vnsere Hertzen/ auff daß wir/ die da Christi deines Sohns Menschwerdung auff deß Engels Verkündigung erkennet haben/ durch sein Leyden vnnd Creutz zu der herrlichen vnd

vnnd glorwürdigen Aufferstehung gebracht werden. Durch denselben Christum vnsern HErrn/ Amen.

℣. Bitt für vns O du allerseeligster Joseph.
℟. Auff daß wir der Verheissung Christi würdig werden.

Wir bitten dich O HERR / daß vns durch die Verdienst deß Bräutigams deiner allerheiligisten Gebärerin geholffen werde / damit was vnser Vermögen nicht erhalten kan / vns dasselbig durch seine Fürbitt geschenckt werde / der du lebest vnnd regierest in Ewigkeit Amen.

Hie wird auß nachkommenden Gesänglein für ein jeden Tag sein gewisses eingeruckt / nach verrichtem Gesänglein / wird folgender Segen mit Andacht gesprochen.

Die allerheiligiste Dreyfaltigkeit / Gott Vatter / Sohn / vnd heiliger Geist / der Frid vnsers HErrn JEsu Christi / die Krafft vnd Verdienst seines allerheiligstē Lebens / bittersten Leydens vnd Sterben / das Sigreiche Zeichen des hochheiligen Creutzes / die Reinigkeit der glorwürdigsten vnd vnbefleckten Jungfrawen vnd Mutter Gottes Mariæ / die Behütung vnd Bewahrung der heiliḡ Engel vnd seliḡ Geister /

die

der Andacht.

die Fürbitt aller heiligen Außerwölten Gottes/ vnd der Sig-Titul vnsers einigen Heylands Erlösers vnnd Seligmachers (JEsus von Nazareth ein König der Juden) durch seine allerheiligiste fünff Wunden / wolle vns behüten vnd bewahren vor allen vnsern Feinden/ sichtbarlichen vnnd vnsichtbarlichen/ auch vor aller Gefahr der Seelen vnnd deß Leibs / jetzt vnnd allezeit / fürnemblich aber in der letzten Stund vnd Augenblick vnsers Absterbens/ Amen.

Ein Lob-Spruch der allerheiligisten Dreyfaltigkeit vnd Christi JESU/ in dem allerheiligisten Sacrament.

Hoch gelobt vnd gebenedeyet sey die allerheiligiste Dreyfaltigkeit/ GOtt Vatter/ GOtt Sohn/ GOtt heiliger Geist/ vnnd JESUS Christus der Gecreutzigte in dem allerheiligisten Sacrament/ speise vnd träncke vnd an vnserm letzten End/ vnnd alle Christglaubige Seelen zu dem ewigen Leben/ Amen.

Nach solchen werden mit der Glocken drey Zeichen gegeben / vnd dise Andacht mit dem gewöhnlichen Abend-Gebett der drey Abe Maria beschlossen/ allwo man auch aller Verstorbnen Guetthäter/ sammentlich mit einem Vatter vnser vnd Abe ingedenck ist.

End.

Endliches Schluß-Gebett / dardurch alle obige Andacht mit eifferigen Willen / vnd hertzlicher Rew vnnd Leyd über die Sünd / auch guten Fürsatz eines bessern Leben beschlossen wird.

Ewiger vnendlicher gütiger GOTT / wir haben dir heutiges Tag auffgeopffert diß vnser Gebett vnd Andacht / wir wünschen vnd verlangen / daß wir dich also dardurch geliebt vnd verehrt hetten / als es heut in der gantzen Welt von allen frommen Christen : ja in dem Himmel von allen Außerwöhlten geschehen / wolten wir solches gern gethan haben. Nimme also an vnd auff vnsern guten Willen vnnd Begierd / es ist vns auch hertzlich leyd daß wir dich / als das höchste Gut / so offt vnd vilfältig beleydiget haben. Wir haben ein guten vnnd steiffen Fürsatz / dich ein so lieben vnnd gütigen GOTT nicht mehr zubeleydigen. Gibe vns derohalben dein Göttliche Gnad / hinfüran das böse zu meyden / vnnd das gute zu würcken / auch stehe vns bey in allen vnsern Thun vnd Lassen / wider sichtbare vnd vnsichtbare Feind / vnd behüte vns vor allem Ubel der Seelen vnd deß Leibs / sonderbar aber durch die Verdienst Christi JESU / vnd Fürbitt der allerseeligsten Jungfrawen Maria / auch aller Außerwöhlten / in der letzten Stund vnd Augenblick vnsers Absterbens Amen.

I. Am

1. Am Sontag.

Das erste Lobgesang zu der allerheiligisten Dreyfaltigkeit.
Wie die erste Melodey.

I.

GOtt zu Ehren lasset uns hören/
Laßt uns mehren seine Ehren/
Sein Lob von uns zu allerzeit/
Von nun an biß in Ewigkeit/
Laßt uns loben/ laßt uns loben die heiligi-
ste Dreyfaltigkeit/
GOtt Vatter Sohn und H. Geist.

NB. Das obstehende (Laßt uns loben) wird zu einem jeden Gesetzlein widerholet.

2. Thut nun singen/ laßt erklingen
GOttes Lob mit höchster Frewd/
Hertz und Mund zu aller Stund/
GOtt zu loben sey bereit.
Laßt uns loben/ ꝛc. wie oben.

3. Alls was lebet / als was schwebet/
Lob die heiligste Dreyfaltigkeit /
Als erfrewe / benedeyde/
Seinen GOtt in Ewigkeit.
Laßt uns loben/ ꝛc. wie oben.

4. GOtt der Vatter ein Erschaffer
Der Menschen all zur Seeligkeit/
Hat geboren / uns erkoren /
Seinen Sohn von Ewigkeit/

B Laßt

Laſt vns loben / ꝛc. wie oben.

5. GOTT der Sohne in dem Throne/
Iſt genannt HERR JEſu Chriſt/
Hat vns geben all das Leben/
Dann er vnſer Heyland iſt.
Laſt vns loben / ꝛc.

6. Durch ſeine Gaben will vns haben
Der H. Geiſt im Himmelreich/
Thut freundlich ladē durch ſeine Gnaden/
Uns arme Menſchen all zugleich.
Laſt vns Loben / ꝛc. wie oben.

7. Ein GOtt vnd HErren wir verehren/
Und glauben in jhn allezeit /
Iſt nur einer / vnd ſonſt keiner /
In der Subſtantz vnd Weſenheit.
Laſt vns loben/ ꝛc. wie oben.

8. Doch in Perſohnen die Pelohnen
Das guete mit der Ewig Freud /
Iſt zu nennen vnd bekennen
Ein heilligiſte Dreyfaltigkeit.
Laſt vns loben / ꝛc. wie oben.

9. Ehr ſey dem Vatter vnd dem Sohne/
Dem H. Geiſt zu gleicher weiß /
All drey Perſohnen in dem Throne /
Sey ewiges Lob/ Danck/ Ehr vnd Preiß
Laſt vns loben/ ꝛc. wie oben.

10. Als es in dem Anfang war /
Jetzt vnd allzeit jmmerdar /
Sey GOtt gelobt zu allerzeit /
Von nun an biß in Ewigkeit. Laſt vns ꝛc. Im

Am Sontag

Das ander Lobgesang / darinn alle Creaturen zu dem Lob GOTTes beruessen werden.

II.

Uber die andere Melodey.

1.

Fangt an GOTT zu ehren /
Ein Gesänglein laßt vns hören /
Zu GOttes Lob mit gröster Frewd /
Im Himmel auff Erden /
Was gfunden kan werden /
Alles zum Lobgesang mach sich bereith /
All Creatur / was in Natur /
Solle GOTT loben gantz Rain vnd Pur.

2.

Der Tag mit der Sonne /
Die Nacht mit dem Monne /
Vnd all Planeten in dem Firmament /
Inß gmain alle Stern /
Auff dises Begern /
Sollen GOTT loben ohn alles End /
Deß Himmels Blaue / der Morgenröthehaue /
Solln GOTT loben ohn alles End.

B ij 3. Die

3.
Die Windt mit dem sausen /
Das Wasser mit Prausen /
 Ja das hohe vngestimme Möhr /
All vs was sich last hören /
 Das soll auch vermöhren /
Mit seiner Stim̃ die göttlich Ehr /
 Alles was singt/ vnd was klingt in der Welt/
Sey zu Gottes Lob angestelt.

4.
Mit Päumen die Wälder /
Mit Früchten die Velder /
 Und alles was die Erden bringt /
Die Wisen mit Plaumen /
 Sich solten nit saumen /
Wann man zu Gottes Ehr diß Gsänglein singt /
 All Büchel und Wäßl / all Blötter und Gräßl
Lobet und preyset GOtt daß es erklingt.

5.
Der Sommer mit Früchten /
Soll auch gar mit nichten /
 Verschweigen GOttes Lob vnd Preyß /
Der Winter mit schneiben /
 Soll auch nit außbleiben /
Mit seinen kalten Schnee und Eiß /
 Der Hörbst und Friling / all Zeiten deß Jahr /
Solten GOTT loben jmmerdar.

6. Auff

6.

Auff Erden was lebet /
In Lüfften was schwebet /
All Thüer vnd Vögelein ins gemain /
Keines außgenommen /
Last alle herkommen /
Sollen ja billich zu gegen seyn /
Weil man GOTT lobet umb alle sein Gnad /
Der uns und sie erschaffen hat.

7.

Last kommen von weiten /
Unglaubige Häiden /
All Völcker so den wahren GOTT /
Noch nit erkennen /
Sich Christen nit nennen /
Denen verborgen ist das Göttlich Wort /
Ach daß sie auff Heund / alle auß Feund /
Wurden hinfüran GOttes Freund.

8.

All Kötzer verjrret /
Im Glauben verführet /
Lehrnet von uns ein kleine Lehr /
Ein Gsänglein Catholisch /
Und recht Apostolisch /
Zu GOttes Lob und seiner Ehr /
Ach khöret euch umb / seyt nit so Stumb /
Kommet zum wahren Christenthumb.

9.

Kombt alle zusammen /
 Deß Christlichen Namen /
Die jhr in wahrn Glauben seyt /
 Keiner verschweige /
Ein jeder erzeige /
 Alles zu GOttes Lob vnd Danckbarkeit /
Singet mit Frewden vnd hellen Klang /
 Singet zu / zu GOttes Ehr diß Lobgesang.

10.

Die Engl GOTT Ehren /
 In jhren neun Chören /
Die Heyligen GOTTes ohne Zahl /
 Alle sich freyen /
Vnd GOTT benedeyen /
 Loben GOTT alle mit Frewdenschaal /
Seynd alle bereith in Ewigkeit /
 Zu loben die heiligiste Dreyfaltigkeit /

11.

Maria voll Gnaden /
 Auch wir dich einladen /
Bey disem Lobgesang uns stimme bey /
 Du bist voll der Ehrn /
Ein Mutter deß HERRN /
 Mach vns auß aller Gfar vnd Feynden frey /
Vivat in Ewigkeit dein liebster Sohn /
 Der vns den Himmel hat auffgethan.

12. Den

12.

Den Vatter und Sohne /
 Auch dritte Persohne /
Ja die heiligiste Dreyfaltigkeit/
 Lobet und preyset /
Alle Ehrn beweiset/
 Von nun an biß in Ewigkeit /
Lobet GOTT alle mit Hertz und Mund /
 Erhöbt sein Nammen zu aller Stund.

13.

Christus hat bunden /
 Den Feund überwunden /
Mit seinem Creutz zu Schanden gmacht /
 Christus obsiget /
Der Feund vnder ligt /
 Mit gantzer seiner Höllen Macht /
Christus Triumphat in Gloria,
 Nun singet mit Frewden Victoria Victoria
 Victoria.

Am Montag.

Das erste die vier Element werden zum Lob GOttes beruessen.

Uber die dritte Melodey.

III.

1.

Uff O Himmel auff O Erden /
Was in Euch kan gfunden werden /
Komme alles komb herbey /
Sich mit uns in GOTT erfrey.

2.

Du O Erden nun Floriere,
Deine Schönheit ostendiere,
Deine Laub und schöne Graß /
GOTT zu Ehrn sehen Laß.

3.

Komb du Wasser mit den Gissen /
Ja das Meer mit allen Flüssen /
Alle Tröpfflein Wasser byende /
Loben GOTT ohne alles End.

4.

Starcke Wind mit stillen Lüfften /
So durchstreichen Berg und Klüfften /
Blaß und wehet mehr und mehr /
Doch zu GOTTes Lob und Ehr.

5. Du

der Andacht.

5.
Du O Fewer mit den Flammen/
Was da brennet schlag zusammen /
Mit der Flamb und Hitz zugleich /
Lobe GOTT jm Himmelreich.

6.
Hoche Berg mit tieffen Thallen /
Lasset Ewr Stimb erschallen /
Thuet Euch gegen GOTT erzeigen /
In die Thal Diemüetig neigen.

7.
O Jhr Bdumb was jhr für Namen/
Groß und klein kombt allzusamen /
Thuet Euch all zu GOtt auffrichten /
Blie und Plötter samt den Früchten.

8.
Sonn und Monn so jhr von fehrn /
Lobet GOtt mit allen Sternen /
Ja das gantze Firmament /
Lobe GOtt ofn alles Ende.

9.
Alle Thier keins außgenommen /
Sollen billich auch herkommen /
GOtt zu loben frue und spatt /
Der sie all erschaffen hat.

10.
Du O Mensch komb her mit Frewden /
Thue auch zu allen Zeiten /

Deinen GOtt und deinen HErrn /
Mit dem Mund und Hertz verehrn.

11.

O Maria komb mit allen /
So im Himmel GOtt zu gfallen /
Kommt und lobet GOtt zugleich /
Alle die im Himmelreich.

12.

Nun so laſt uns alle loben /
GOtt im hohen Himmel oben /
GOtt den Vatter vnd den Sohne /
Den heiligen Geiſt die dritt Perſohne.

Am

Am Montag

Das ander Lob-Gesang so die höchsten Eh-
ren-Titl B. V. MARIÆ in sich schliest.
Dardurch grosse Gnad
zuerlangen.

IV.

1.

MARIA / schönste Kayserin /
　Dir kan kein gleiche Königin
Im Himmel und auff Erden /
Jemahl gefunden werden /
Der Gwalt von GOtt dir geben ist /
Den Srepter stets zu führen /
Weil du die Muetter Gottes bist /
Thut dir die Cron gebühren.
2. Mit GOtt bist du auff allernechst
　Befreundet und verbunden /
Bey jhm hast du auffs allerhöchst
　Die Gnaden-Freundschafft gfunden /
Dann wer dein Gnad zu hoffen hat /
　Dem kan es nit mißlingen /
Nun wöllen wir mit Hertzen-Begier /
　Dir dises Gesänglein singen.
3. Ein Tochter GOtt deß Vatters bist /
　Von jhm bist außerwöhlet;

Nach

Nach dem der Feind mit arger List
 Die Evam hat gefället /
Und auch zugleich den Adam hat
 Auß seiner Ruhe vertriben /
Bist du bey GOtt in seiner Gnad
 Und ohne Macul bliben.

4. Du bist ein Mutter GOttes Sohn /
 So du vns hast gebohren /
Dardurch hast vns das böß gethon /
 Sonst wären wir verlohren /
Nun thue vns bey deinem Kind
 Die göttlich Gnad erwerben /
Behüte vns vor aller Sünd /
 Insonderheit im sterben.

5. Der heilig Geist hat dich zur Braut
 Allein auß all erkisen /
Er selber hat sich dir betraut /
 Sein Gnaden-Schatz erwisen /
Dein Seel mit Gnad erfüllet ist /
 Von jhm hast du empfangen /
Obst zwar ein Mutter GOttes bist /
 Darffst doch ein Jungfraw prangen.

6. Ein Tempel bist auffs schönst bereit /
 Gezieret vnd gemahlen /
Der Heiligisten Dreyfaltigkeit
 Hast du zum besten gfallen /
GOtt hat dein Demuth wol betracht /
 So er an dir gesehen /

Drum

der Andacht.

Drumb hat er dich so groß gemacht /
 So niemand wird geschehen.
7. Weil du Maria dann allein
 So grosse Gnaden gfunden /
Wir aber durch die Sünden seyn
 Gar starck vnd fast gebunden /
Löß auff die Band vnd mach vns frey /
 Hilff vns in allen Nöthen /
Im sterben stehe vns trewlich bey /
 Thue vns alldort erretten.

Am Erchtag das erste

Ein Bitt vnd Lobgesang zu JESU / MA-
RIA / Joseph.

Uber die fünffte Melodey.

V.

1.

IN dem Himmel vnd auff Erden /
 JEsus Maria Joseph.
Sollen ja geliebet werden /
 JEsus Maria Joseph.
Alle Menschen ins gemein /
 Sollen ewre Diener seyn.

2.
Lieblicher kan nichts erklingen /
 JEsus Maria Joseph

Alls zu Ewre Ehren singen /
 JEsus Maria Joseph.
Ewre Namen benedeyen /
 JEsus Maria Joseph.
Soll sich Niemand lassen rewen /
 JEsus Maria Joseph.

3.

Wann wir seynd in Angst vnd Nöthen /
 JEsus Maria Joseph.
Thuet vns darauß erretten /
 JEsus Maria Joseph.
Alle Gfahren von vns wendet /
 JEsus Maria Joseph.
Ewer Hülff vom Himmel sendet /
 JEsus Maria Joseph.

4.

Jeder der sich Euch vertrhrawt /
 JEsus Maria Joseph.
Hat ja gewißlich wol gebaut /
 JEsus Maria Joseph.
Dann wer Euch zu Freunden hat /
 JEsus Maria Joseph.
Erlanget stett Hülff vnd Rath.
 JEsus Maria Joseph.

5.

Lasset Ewer Gnaden fliessen /
 JEsus Maria Joseph. Daß

der Andacht.

Daß sie alle mögen genüessen /
 JEsus Maria Joseph.
Reich vnd Arm groß vnd klein /
 JEsus Maria Joseph.
Laßt Euch all befohlen seyn /
 JEsus Maria Joseph.

6.

Uns zum Trost vnd Frewd der Seelen /
 JEsus Maria Joseph.
Euch alleinig wir erwällen /
 JEsus Maria Joseph.
Wo jhr seyt ist gröste Frewd /
 JEsus Maria Joseph.
Und ohne Euch ist höchstes Leyd.
 JEsus Maria Joseph.

7.

Krieg vnd Hunger von vns treibet /
 JEsus Maria Joseph.
In schwerer Kranckheit bey vns bleibet /
 JEsus Maria Joseph.
Alles Ubel wendet ab /
 JEsus Maria Joseph.
Gebt vns den Frid vom Himmel herab.
 JEsus Maria Joseph.

8.

In dem Todt vnd in dem Leben /
 JEsus Maria Joseph.

Wir uns alle Euch ergeben /
> JEsus Maria Joseph.

Unser Seel in Eure Hand
> JEsus Maria Joseph.

Befelchen wir am letzten End.
> JEsus Maria Joseph.

9.

Das letzte Wort soll seyn im sterben /
> JEsus Maria Joseph.

Verzeichung unserer Sünd erwerben /
> JEsus Maria Joseph.

Dorten stehe uns Treulich bey /
> JEsus Maria Joseph.

Macht uns von der Höllen frey.
> JEsus Maria Joseph.

10.

Nun so seyet hoch geprisen /
> JEsus Maria Joseph.

Von uns alle Ehr bewisen.
> JEsus Maria Joseph.

Jetzund und zu aller Zeit
> JEsus Maria Joseph.

Seyt von uns gebenedeyet.
> JEsus Maria Joseph.

Am

der Andacht.

Am Erchtag das andere.

Ein sonderbahres Lobgesang zu der Muetter GOttes von Aufhausen / zu Trost der Andächtigen Kirchfarter.
Uber die sechste Melodey.
VI.

1.

Lieber Christ erfrewe dich /
An disem Gnaden-Orth /
So vns zum Trost Genädigklich /
Bereithet ist durch GOtt /
Dein Gemüth erschwing / dein Stimb erkling /
Mit vns ein newes Gsänglein sing /
Zu GOttes Lob vnd Danckbarkeit /
Gereiche vnser Frewd.

2.

Maria hie zu gegen ist /
Zum Trost der gantzen Gemein /
Mit jhrem Kindlein JEsu Christ /
Wer solt nit Fröhlich seyn /
Erfrewet Euch alhie zugleich /
Seit jhr schon arm oder reich.
Sie wird gewißlich keinen nit /
Abschlagen seine Bitt.

3.

Bist du in Angst vnd Traurigkeit /

C Allhie

Alhie findest du ein Frewd /
Dann weil Maria alezeit /
Zu helffen ist bereith /
Alhie klopff an nur jeder Mann /
Wird gewißlich allen auffgethon /
Was man mit Hoffnung suechen wird /
Das find man mit Begird.

4.

Keiner mit Warheit sagen kan /
Da er dich recht geliebt /
Daß du dich nit hast genommen an /
Umb jhn wann er betrüebt /
Es kan nit seyn O Muetter mein /
Daß du nit hülffest den Freunden dein /
Ach was ist das für grosse Genad /
Der dich zur Freundin hat.

5.

Wer sein Gebett Anddächtigklich /
Alhie wird giessen auß /
Von grund deß Hertzens diemütigklich /
In disem GOttes Hauß /
Der wird von GOtt in Angst vnd Noth /
Und sonderbar in seinem Todt /
Verlassen nit durch Maria Bitt /
Wer wolt sich Frewden nit.

6.

Der jenig der sich dir vertrhraut /
Es sey gleich frue vnd spatt /

Der hat

der Andacht.

Der hat ja gewißlich recht gebaut/
 Dann bey dir findt er Rath/
In Nöthen sein vnd schwerer Peyn /
 Wirst jhm ein Trost vnd Hoffnung seyn/
Wer wolte dann nit lieben dich /
 Und dir befehlen sich.

7.

Nun bitten wir gar Hertziglich /
 Maria nimb vns an /
Für deine Kinder Genddigklich /
 Ach laß vns nit von dan/
Auß disem Hauß vnd deiner Clauß /
 Laß vns nit ohne Genad darauß /
O Muetter wir seynd alle dein /
 Ob mir schon Sünder seyn.

8.

Wann vns der Feind mit seinem Gewalt /
 Zu setzet Tag vnd Nacht /
Komb vns zu Hülff gar geschwind vnd bald /
 Durch deine starcke Macht /
Den Feund verdreib vnd bey vns bleib /
 Bewahr vns an Seel vnd Leib /
O Muetter breidt dein Mandel auß /
 Mach vns einen Schutz darauß.

9.

Wann Krieg vnd Hunger sampt der Pest/
 Soll nemmen über Hand/
So komb Maria thue das böst /
 Behüet das Vatterland/

Uns

Uns all bewahr vor aller Gefahr /
Erbarme dich der Christlich Schar
 Ach bitt für vns deinen lieben Sohn /
Und nimb dich vnser an.

10.

Nun sey gelobt Maria Rein /
 Von allen ohne Zahl /
So vil es nur kan möglich seyn /
 Vil hundert tausentmal /
Maria zum Schnee vns all beystehe /
 Wend ab vns ab all Ach vnd Wehe /
Und hilffe vns im letzten Streuth /
 Dardurch zur Seeligkeit.

Am Mittwoch das erste
Ein Gesang zu Ehren unser lieben
Frawen von Auffhausen.
Uber die sibende Melodey.
VII.

1.

Heilige Maria wir grüssen dich zu Auff-
hausen /
Wir wöllen die Ehr vnd die Andacht
vermehren /
Alle mit Frewden in deiner Clausen /
GOtt zu forderst vnd dir zu Ehren /
Thue disen bitten / den / der gelitten /
Christum JESUM bitt für vns.

NB. Das obstehende (thue disen bitten) wird
zu einem jeden Gesätzlein widerholet.

2. Heilige Maria du bist genannt zu Schnee /
Wir bitten dich wend ab all Ach vnd Weh /
Hilff vns Maria zu aller Zeit /
Bring vns zu wegen die ewige Frewd.
Thue disen bitten / ⁊c. wie oben.

3. Heilige Maria glorwürdigiste Fraw /
Auff vns all deine Diener barmhertziglich schau
Sey vnser Mittlerin bey deinem liebsten Sohn /
Bleib vnser Fürsprecherin bey Gottes Thron.
Thue disen bitten / ⁊c. wie oben.

E iij 4. Hei-

4. Heilige Maria gantz Wunderbarlich bist /
Ein Mutter vnsers lieben HErren JesuChrist
In deinem Leib ist Gott von Himmel gestigen /
Hast jhn geboren / bist doch ein Jungfraw blibē /
Thue disen bitten / ꝛc. wie oben.

5. Heilige Maria ein wahrer Gnaden-Bronn /
All Gnaden in dich fliessen von Gottes Thron /
Laß vns Arme auch deine Gnad geniessen /
Laß vns dieselbe vom Himmel herfliessen.
Thue disen bitten / ꝛc. wie oben.

6. Heilige Maria den Krancken bist ein Heyl /
Denen die dich lieben zu helffen eyl /
Und den Betrübten bist du auch ein Trost /
Dises bekennen / so es verlost /
Thue disen bitten / ꝛc. wie oben.

7. Heilige Maria brait deinen Mantel auß /
Mach vns ein sichere Wohnung drauß /
Laß vns alle darunter stehen /
Biß alle Gefahr fürüber gehen.
Thue disen bitten / ꝛc. wie oben.

8. Heilige Maria / siß an die gantze Gemein /
Laß dir dieselbe befohlen seyn /
Wende von jhr ab all Elend vnd Gefahr /
Laß dir befohlen seyn die Christlich Schar.
Thue disen bitten / ꝛc. wie oben.

9. Heilige Maria hilff allen zu leben /
Insonderheit die sich allhero begeben /

Und

der Andacht.

Und dich mit Andacht an disem Orth verehren/
Thue sie in allen Nöthen erhören.
Thue disen bitten / ꝛc. wie oben /
10. Heilige Maria zu helffen sey bereit/
Hilff vns sonderlich im letzten Streit/
Wann wir einmal müssen sterben /
Thue vns die ewige Frewd erwerben.
Thue disen bitten / ꝛc. wie oben.

Am Mittwoch das andere
Ein Andächtiges Lob- vnd Bitt Gesänglein / so vor dem Gnaden-Bild vnd
andern liebreichen Mari-Bilderen kan
gebett oder gesungen werden.
Uber die achte Melodey.
VIII.

1.
Fangt alle an / alls was nur kan /
Mariam laßt vns grüssen /
Ihr Lob vnd Ehr/ je mehr vnd mehr /
Laßt vns allhie außgiessen /
Laufft alle laufft / allhie verschnaufft/
Thut euch allher begeben /
Hie ist ein Zil / ders haben will/
Durch vnser Fraw das Leben.
2. Ihr all zugleich erfrewet euch /
Allhie bey vnser Frawen /
All arm vnd reich / es gilt jhr gleich /
Wer nur hat ein Vertrauen/

Wer

Wer sie lieb hat im Werck vnd That /
 Darff gwißlich nicht verzagen /
Was sie begehrt / das wird erhört/
 GOTT thut jhr nichts abschlagen.
3. O Menschenkind / wann du bist blind/
 Und thust in Sünden stecken /
Rueff dise an / die helffen kan /
 Sie wird dich gwiß erzetten /
Wer sucht der find / jhr liebstes Kind /
 Sitzend bey jhrem Hertzen /
Das soll vns seyn / all ins gemein /
 Ein Freyd in Angst vnd Schmertzen.
4. Wer dise liebt / wird nicht betrübt /
 Insonderheit im Sterben /
Sie wird jhm bhend am letzten End /
 Die Seeligkeit erwerben.
Drumb liebs bey Zeit / vnd mach dich b'rait /
 Thue jhr die Lieb abgwinnen /
Es möcht dir sunst an jhrer Gunst /
 Im letzten Streit mißlingen.
5. Nun laß vns seyn Maria dein /
 Laß vns dein Fürbitt finden /
Wir seyn zwar schlecht hie deine Knecht /
 Weil wir seynd in den Sünden /
Doch ist vns Leyd zu aller Zeit /
 Dein Sohn laß vns verschonen /
Nicht nach der Schuld / sonder Gedult /
 Uns armen Underthonen.
6. Nun loben wir dich mit Begier /

Dich

der Andacht.

Dich soll ja alles loben/
Wolt GOTT so fast / gleich wie du hast /
Das Lob im Himmel droben /
Der Will allein / muß sbste seyn /
Laß dir den Willen gfallen /
Hilff uns ins gmein all groß und klein /
Maria hilff uns allen.

Am Pfingstag das erste.
Von dem hochwürdigen Sacrament deß Altars / liebliches Lobgesang.
Uber die neunde Melodey.

IX.

1.

Kombt her ihr Creaturen all /
 Kombt her und sehet all zumahl /
Alls was erschaffen ist /
Was da zugegen ist /
 Da ist das heiligst Sacrament /
Diß solt ihr loben ohne End O daß ichs loben kund
Alle meine Tag und Stund.
2. Fanget an ihr liebe Engelein /
 Fanget an das Lobgesang:
Und lobet JEsum den HERRen mein /
 Der an dem Creutze hang /

E v

Der hat

Der hat sich vns zur Speiß gegeben /
Damit wir solten ewig leben/
 In dem heiligisten Sacrament/
 Diß lobet ohne End.
3. All Fisch im Meer/ all Thier auff Erd /
 Vnd was in Lüfften schwebt/
Kombt her vnd lobet vnbeschwert /
 Durch welchen alles lebt /
Er ist in einer weissen Gestalt /
Er wird weder jung noch alt /
 In dem heiligisten Sacrament /
 Diß lobet ohne End.
4. Ihr Sonn vnd Mon/ vnd alle Stern/
 Auch jhr vier Element/
Lobt/ preyset mein vnd ewren HErrn /
 Im heiligisten Sacrament /
All Berg vnd Thal / all Bäum vnd Frücht/
All Laub vnd Graß vergeßt mirs nicht/
 Lobet allhie ohne End /
 Das heiligiste Sacrament.
5. Ihr Patriarchen ins gemein /
 Vnd jhr Propheten all /
Auch jhr Jungfrawen keusch vnd rein /
 Mit der Apostel Zahl /
All Martyrer/ vnd Beichtiger /
Mit einem Wort s' gantz himmlisch Heer/
 Lobet alle ohne End/
 Das heiligiste Sacrament.

6. Vnd

der Andacht.

6. Und du Maria Jungfraw rein/
Den du empfangen haſt/
Mit deinem Leib / der Sohne dein
Auch hier iſt eingefaſt/
In Geſtalt eines weiſſen Brod/
In kleinen Dingen der gröſte GOTT /
Den lob auch du allzeit/
In alle Ewigkeit.
7. Zu letzt all die zu gegen ſeynd /
Wartet nicht biß man euchs ſchafft /
Inſonderheit die Glider ſeynd /
In diſer Bruderſchafft /
Macht groß erhebet ohne End /
Das heiligiſte Sacrament /
Das preißt vnd benedeyt/
In alle Ewigkeit.
8. Das ſey hinfüro ewer Loß/
Darbey man euch erkennt/
Gibt euch der Todt den letzten Stoß /
Den Lobſpruch allzeit nennt /
Den Habt jhr ſtätigs in dem Mund/
Wann ſich hernaht die letzte Stund/
Gelobt ſey ohne End /
Das heiligiſte Sacrament.

An

Am Pfingstag das andere.

Ein Andächtiges Gesänglein von Christo an dem heiligen Oelberg.

Uber die zöhende Melodey.

X.

1.
Ommet alle kommet her /
 Komm ein jeder ohn Beschwär /
 Secht wer da zu gegen ist /
Secht den HErzen JEsum Christ.
2. Kombt jhr arme / kombt jhr reich /
 Kommet alle kombt zugleich /
Kombt vnd sehet nur fein wol /
 JESUS ist gantz Traurens voll.
3. Der Heyland ist voll Angst vnd Schmertzen /
 Laßt euch dises gehn zu Hertzen /
Dann jhr alle schuldig seyt /
 Was der HERR am Oelberg leyt.
4. O du Sünder recht betracht /
 Dise gar betrübte Nacht /
In der dein Heyland biß in Todt /
 Traurig ist vor Angst vnd Noth.
5. Wir seynd freylig alle Sünder /
 Aber JESU deine Kinder /
Laß vns nicht in Sünd entschlaffen /

Thue

der Andacht.

Thue vns nicht in Sünden straffen.
6. Ist vns allen laid von Hertzen/
 Daß wir dir gemacht die Schmertzen/
Wöllen dich hinfüran lieben/
 Und nicht mehr mit Sünden betrüben.
7. Nun thue vns die Sünd verzeyhen/
 Und vns allen Gnad verleyhen/
Alles Böß in Guts zu wenden/
 Und das Leben seelig enden.
8. Letztlich JEsu thue vns schencken/
 Allen zu dem Angedencken/
Nur ein Tröpfflein deines Blut/
 So vns allen flecken thut/
Thue vns nur ein Tröpfflein geben/
 Und darnach das ewig Leben.

Am

Am Freytag das erste.
Von Christo JEsu dem Gecreutzigten / vnd seinem heiligen Leyden.
Vber die ailffte Melodey.
XI.

1.

Lauffe jhr Christen laufft zu sammen/
 In deß gecreutzigsten JEsu Namen /
 Den zu bitten der gelitten /
Für vns an dem heiligen Creutz /
 Erbarme dich vnser O JEsu /
 Erbarme dich über vns all.

NB. Das obstehende (Erbarme dich vnser
 O JEsu) wird zu einem jeden Gesetzlein
 widerholet.

2. JESUS am Creutz ist vns zugegen /
 Daran er gestorben vnsertwegen /
 Fallt zu Füssen / last vns grüssen /
 JESUM am heiligen Creutze.
 Erbarme dich vnser/ ꝛc. wie oben.

3. Setzt alle JESUM außgespannt /
 Sein heilige rechi vnd lincke Hand /
 Die Füß verwund / nichts ist gesund /
 An JESU am heiligen Creutze.
 Erbarme dich vnser / ꝛc. wie oben.

4. Auß Seyten / Händen vnd Füssen /
 Das Blut thut reichlich außfliessen /
 Das thewre Blut vns all zu gut /

der Andacht.

Von JESU am heiligen Creuße.
 Erbarme dich vnser/ ꝛc. wie oben.
Sein Hertz vnd Seyten ist auch durchgraben/
Daran wir alle ein Vestung haben/
Behüt vns vor Sünden-Fall/
 O JESU am heiligen Creuße.
 Erbarme dich vnser/ ꝛc. wie oben.
6. Sein heiliges Haupt ist auch besprengt/
Von Blut mit Speichel gantz vermengt/
Das hat gethan die dörnere Cron/
 Dem JESU am heiligen Creuße.
 Erbarme dich vnser/ ꝛc. wie oben.
7. Dem rechten Schächer hast du erworben/
Das Heyl zuvor/ ehe du gestorben/
Hast jhn erhört/ weil er begehrt/
 Zu dir ans heilige Creuße.
 Erbarme dich vnser/ ꝛc. wie oben.
8. Mit geneigten Haupt thut JEsus sterben/
Am Creutz/ vns all das Heyl erwerben/
Denckt alle daran/ was vns gethan/
 JESUS am heiligen Creuße.
 Erbarme dich vnser/ ꝛc. wie oben.
9. O JESU Christ vns auch verschon/
Wir haben zwar vil Böß gethan /
Nun ist vns leyd/ wir seynd bereit /
 Zu dir ans heilige Creuße.
 Erbarme dich vnser/ ꝛc. wie oben.
10. O HERR thue vnser Bitt erhören/
Was wir durch disen Rueff begehren/
Hilff vns zu dir/ das bitten wir/

Zu dir

Zu dir ans heilige Creutze.
 Erbarme dich vnser/ꝛc. wie oben.
11. Gelobt sey JESUS ohne End/
 Im Heiligsten Sacrament.
Sey gebenedeyet in Ewigkeit/
 O JESU am heiligen Creutze/
Erbarme dich vnser O JESU/
 Erbarme dich über vns all.

Am Freytag das ander.

Ein andächtiges Gesang zu JESU vnd MARIA.

Uber die Zwölffte Melodey.

XII.

1.

JESUS vnd MARIA vnser gröster
 Trost vnd Frewd/
 Hie vnd in alle Ewigkeit/
Dises euch gefalle/ Daß wir Christen alle/
 Kommen zu euch in die ewige Frewd.
2. JESUS vnser Leben/ durch Mariam gegeben/
 JESUS vnser aller bester Theil/
Ist für vns gestorben/ hat vns all erworben/
 An dem Creutz das ewig Heyl.

3. JE-

der Andacht.

3. JESUS vnd Maria vnser Zuflucht in der
 Noth/
Sonderlich / wann kommen wird der Todt/
Da wir müssen streiten / oder ewig leyden/
JESUS vnd Maria helfft vns dort.
4. JESUS vnd Maria aller Seelen Süs-
 sigkeit /
Ein erquickung in der Traurigkeit/
Thut euch doch erbarmen/dencket an vns armen/
Helfft vns allen in dem Creutz vnd Leyd.
5. JESUS vnnd Maria laß vns nicht ver-
 derben /
Wann wir in den grösten Nöthen seynd /
Wann vns wird vmbringen vnnd fast auß vns
 dringen /
Mit seiner Macht der böse Feind.
6. JESUS vnnd Maria ein Zuflucht der
 Sünder all /
Wann sich der Sünder zu euch kehrt/
Seine Sünd berewet/vnd sich zu euch frewet/
Von euch wird er bald erhört.
7. JESUS vnd Maria Ewere Kinder wöl-
 len wir seyn /
Euch zu lieben seynd wir all bereit /
Nembt vns an für Kinder/wann wir schon seynd
 Sünder /
Helfft vns allen zu der Seeligkeit.
8. JESUS vndMaria neimet an van Hertzen/

Unser

Unser Blut/ vnd vnser Rew vnd Leyd/
Weil wir böß geübet/ seyt jhr jetzt geliebet/
Von vns allen biß in Ewigkeit.
9. JEsus vnd Maria litten gar vil Schmertzen
O jhr Sünder dises wol bedenckt/
Jhr mit ewren Sünden/ thuet JEsum binden/
Jhr habt jhn an das Creutz gehenckt.
10. Drey vnd dreyssig Jahre JEsus allzeit ware
Uns ein Spiegl aller Heiligkeit/
Thut euch nun bekehren/ folget JEsu lehren/
Der nicht folgen wil/ der fählet weit.
11. Christliche Soldaten/ denckt doch an die That
So Christus JEsus für vns hat gethan/
Thut auch für jhn streiten/ thut auch für jn leyden
Denckt alle er sey GOTTES Sohn.
12. JESUS vnd Maria helfft vns all im letzten
Streit/
Unser Trost vnd Hoffnung dorten seyt/
Last vns nit verderben/ wann wir müssen sterbn/
Nembt vns all zu euch/ in die ewig Frewd.
13. JEsus vnd Maria allerschönste Namen/
Von vns allen seyt gebenedeyt/
Euch zu wolgefallen/ lassen wir erschallen/
Diß Gesönglein mit Hertzen Frewd.

Am Sambstag das erste.
Bitt-vnnd Lob-Gesang Mariæ / so auff die Letaney von Loreto gerichtet.
Wie die fünffte Melodey.
XIII.

1.

Mariá dich wöllen wir ehren /
 Mueter GOttes bitt für vns.
Wir wollen all dein Hülff begehren /
 Mueter GOttes bitt für vns.
Wer dich ehrt wird nicht verlohren /
 Mueter GOttes bitt für vns.
Dann du hast vns das Heyl gebohren /
 Mueter GOttes bitt für vns.

2. Voll der Gnaden bist genant /
 Mueter GOttes bitt für vns.
Da GOtt den Engel zu dir g'sand /
 Ein Mueter Wunderbarlich bist /
Unsers HErzen JEsu Christ /

3. Kein Jungfraw war dir jemal gleich /
 Du bist die schönst im Himmelreich /
Von GOtt bist du erwöhlt auß allen /
 Dann du allein hast jhm gefallen /

4. Schöner bist du als die Sonn /
 Außerwöhlt als wie der Monn /

Mueter Gottes bitt ꝛc.

Du

Du bist der helle Morgenstern/
 In aller Gefahr erleucht uns von fern.
5. Ein Spiegel bist der G'rechtigkeit /
 Ein wahrer Sitz der Weißheit /
Du bist ein Rosen ohne Thoren /
 Ein Faß der Andacht außerkohren.
6. Eva ein Ursach ist deß Fall /
 Drumb seyn wir all im Jammerthal.
Deß Hails du aber Ursach bist /
 Gebohren hast uns JESUM Christ.
7. Ein Thurn Davids sey uns allzeit/
 Wann uns der böse Feind bestreit /
Laß uns zu seinem Raub nicht werden/
 Hilff uns so lang wir seyn auff Erden.
8. Wann die Seel vom Leib wird scheyden /
 Hilff / daß wir nicht müssen leyden/
Sey uns all die Himmels-Porten /
 Hilff uns Christen hie und dorten.
9. Ein Hail der Krancken bist genent /
 Deß Leibs und Seelen Kranckheit wend/
Wer zu dir seine Zuflucht setzt/
 Von dem Todt nicht wird verletzt.
10. Alle Sünder die dich lieben /
 Zu dir ein rechte Andacht üben /
Bey deinem Kind wirst für sie bitten /
 So für uns all den Todt gelitten.
11. Wir Christen alle auff dich trawen/
 In aller Noth wir auff dich schawen/

Mutter GOttes bitt für uns.

Dann

der Andacht.

Dann du ein Hilff der Christen bist/
Hilff vns all durch JESUM Christ.
12. Nach GOtt hast du den höchsten Thron
Den Scepter vnd die schönste Cron/
Ein Königin bist überall/
Hilff vns zu dir ins Himmels Saal.
13. O Maria dich zu vns wend/
Insonderheit am letzten End/
Wann wir einmal müssen sterben/
Thue vns die ewige Freud erwerben.

Am Sambstag das andere.
Ein schönes Salve Regina
Durch welches die wochentli=
Andacht zu Auffhausen mit den
Engelein beschlossen wird.
In der Melodey/ Num: 15.

1.

Egrüst seyest du O Königin Salve Regina
Himmels vnnd der Erden Kayserin/
Salve Maria.
Erfreuet euch jhr Cherubin Seraphin/
Grüesset ewer Königin/ grüesset Mariam.

2.

O Muetter der Barmhertzigkeit/ Salve Regina.
Auß allen du gebenedeyt/ Salve Maria.
Erfrewet euch jhr Cherubin Seraphin/ Lobet

Lobet ewer Königin lobet Mariam.
3. O Leben/ vnd O süessigkeit Salve Regina.
O groß der Menschen vnd Engel Freud Salve Maria.
Erfreuet euch jhr Cherubin / Seraphin /
Ehret ewer Königin / Ehret Mariam.
4. Du vnser Hoffnung sey gegrüest/ Salve Reg.
Keinen von deiner Gnad außschliest/ Salve M.
Erfreuet euch jhr Cherubin Seraphin/
Preiset ewer Königin/ preiset Mariam.
5. Wir alle kommen her zu dir Salve Regina.
Als Evæ Kinder schreyen wir / Salve Maria.
Erfreuet euch jhr Cherubin Seraphin/
Erfreuet ewer Königin erfreuet Mariam.
6. Seufftzend hie im Jammerthal / Salve Reg.
Und weinend zu dir kommen all/ Salve Maria.
Erfreuet euch jhr Cherubin Seraphin/
Erhöchet ewer Königin/ erhöchet Mariam.
7. Ela vnser Fürsprecherin Salve Regina.
Allen ein trewe Helfferin / Salve Maria.
Erfreuet euch jhr Cherubin Seraphin/
Dancket ewer Kayserin / dancket Mariæ.
8. Wir Arme hier ermahnen dich Salv. Reg.
Ach! sih vns an Barmhertziglich Salv. Maria.
Erfreuet euch jhr Cherubin Seraphin/
Liebet ewer Königin liebet Mariam.
9. Deine heilige Augen auff vns wend/ Salve R.
Zaig vns JEsum an vnserem End/ Salve Mar.

Erfrewet

der Andacht.

Erfrewet euch jhr Cherubin Seraphin /
Sehet ewer Königin / sehet Mariam.
10. Dein Leibs-Frucht seye gebenedeyt / Sal: Reg:
JESUS dein Sohn in Ewigkeit / Salve Ma.
Erfrewet euch jhr Cherubin Seraphin /
Benedeyt die Königin benedeyt Mariam.
11. O Jungfraw gütig / süß vnd mild / Salve Reg.
Bleib vnser Schutz vnd vnser Schild / SalveM.
Erfrewet euch jhr Cherubin Seraphin /
Dienet ewer Königin dienet Mariæ.
12. O Königin / O Kayserin / O Jungfraw M:
Seye tausentmal / seye one Zal sey gegrüsset Mar:
Ihr Cherubin jhr Seraphin / grüesset alle ewer
Königin / grüesset ewiglich Mariam.
13. Amen. Lob vnd Preiß sing mit vns Maria /
Dem Vatter Sohn vnd H. Geist O Cæli Regina
Singt alle mit jhr Engelein all ins gemein /
Zu Gottes Ehr diß Gsängelein / Gott vñ Mariæ

NB. Dises Gsänglein wird zu Oesterlicher
Zeit auff folgende weiß gesungen.

GEgrüst seyest du O Königin /
Frey dich Maria.
Himmels vnd der Erden Kayserin /
Alleluja.
Erfrewet euch jhr Cherubin Seraphin /
Grüesset Euer Königin /
Alleluja.

Anmütiges Lobgesang /

So ein Compendium oder kurtzer Innhalt
aller vorgehenden Gesänglein ist.
Wie die dreyzähende Melodey.
XIV.

1.
Kombt her ihr liebe Engelein /
Kombt alle kommet her /
Und singt mit vns ein Gsänglein /
Zu GOttes Lob vnd Ehr /
Kombt vnd stimbt an das Gesang /
Wir wöllen all nach singen /
So gut ein jeder kan.

2. Ihr in der Höhe /
Gebt vns den rechten Thon /
Dann ihr seyt in der Nähe /
Allzeit bey Gottes Thron.
Ihr wist wies GOTT gefallt /
Thut ihr vns nur vorsingen /
Wir folgen alsobald.

3. Wir wolten alle gehren /
Auß vnsern Kräfften all /
GOTT allezeit verehren /
Wie ihr ins Himmels Saal /
Wir seynd schon all bereit /
Frölich mit euch zu singen /
Der heiligste Dreyfaltigkeit.

4. GOTT Vatter hat erschaffen /

Was

Was jemal ist gewest /
Und von der Sünden Straffen /
Hat JESUS vns erlöst /
Mit seinem Creutz vnd Todt /
Hat er vns all errettet /
Auß vnser grösten Noth.
5. Der vns den Trost thut bringen /
 Nemblich der heilig Geist /
Sey auch durch vnser singen /
 Von vns allzeit gepreist /
Jetzt vnd in Ewigkeit /
 Sey jmmerdar gelobet /
 Die heiligiste Dreyfaltigkeit.
6. Das Lob soll auch erschallen /
 Und diß zwar ohne End /
Von vns vnd von euch allen /
 Dem heiligisten Sacrament.
Jn dem verborgen ist /
 Ein Speiß vnd Tranck der Seelen /
Lebhafftig JEsu Christ.
7. Sein heilige fünff Wunden /
 Wir jmmer sollen ehren /
Dardurch er vns gefunden /
 Da wir verlohren wären /
Hat vns im Jammerthal /
 Durch Marter vnd sein Leyden /
 Errett von Adams Fall.
8. Nun singet all zusammen /

D v Allhier

Alhier mit gröster Frewd /
JESU vnd Mariæ Namen /
Erhebt in Ewigkeit /
Dardurch habt jhr ein Krafft /
In allen Creutz vnd Leyden /
Bey Tag vnd auch bey Nacht.
9. Maria Mutter Gottes bist /
Bleibst dannoch ein Jungfraw /
Mit deinem Sohne JESU Christ /
Auff vns barmhertzig schaw /
Hilff vns in diser Welt /
Insonderheit im letzten Streit /
Daß vns alldort nicht fählt.
10. Du bist gantz voller Gnaden /
Der HERR der ist mit dir /
B'hüt vns vor allem Schaden /
Alldorten vnd allhier /
Weil wir dich hie verehren /
Hilff daß vns GOTT in aller Noth /
Thut allezeit erhören.
11. Maria sie in deiner Clauß /
Keinen verlasse nicht /
Der zu dir hat in disem Hauß /
Ein rechte Zubersicht /
Du bist zum Schnee genant.
Wann wir in Gfahr vnd Nöthen seynd /
So biete vns deine Hand.
12. Alß so dir hie was guts gethan /

In

der Andacht.

In disem deinem Orth /
Thue für sie dort bey GOttes Thron /
Zu seiner Zeit das Wort /
Mach sie alldorten frey /
Hilff daß in all Ewigkeit /
Keiner verlohren sey.
13. Joseph Mariæ Bräutigam /
Bleib vnser all Patron /
Wann wir anruffen deinen Nam /
So nimb dich vnser an /
JESUM hast du ernährt /
Thue JESUM für vns bitten /
So werden wir erhört.
14. Juda Thadæe gleicher weiß /
Unser Patron erkisen /
Dir sey von vns Lob / Ehr / vnd Preiß /
Geliebt sey vnd geprisen /
Gar wenig dich verehren /
Wir aber wollen allezeit /
Dein Lob vnd Ehr vermehren.
15. Ihr außerwöhlte Gottes Freund /
All die im Himmel seyt /
Wann vns bestreiten wird der Feind /
Mit Sünd vnd Eytelkeit /
Thut vns zu hilff ankommen /
Helfft daß wir auch nach disem Streit /
Werden zu euch genommen.
16. Zu letzt der lieben Seelen /

Alhier

Alhie vergesset nicht /
Die s'Fewer fast thut quälen /
GOTT alle für sie bitt /
Ach helfft doch all darzu /
Daß sie einmal erlangen /
Alldort die ewig Ruh.

Ermahnung von den vier letzten Dingen vnnd Ewigkeit / so alle Tag kan betracht
vnd gesungen werden.

Uber die achte Melodey.
XV.

1.

Mensch ich bitt schaw hinder sich /
Und thue zuruck gedencken /
Gib achtung dann ich mahne dich /
Der Todt wird dirs nicht schencken /
Denck nicht an Gelt / denck nicht an Gut /
Sondern nur an die Tugend /
Denck nicht wie du offt manchen Muth /
Gehabt hast in der Jugend.

2. Was wirt dich helffen Gut vnd Gelt /
So du zusamb thust schaben /
Wann du nichts kanst auß diser Welt /
Nach deinem Todt mit haben /
Das Gelt wird dir ein Ursach seyn /
Vil mehrer zum Verderben /

Thue

der Andacht.

Thue doch darfür der Seelen dein /
 Die Seeligkeit erwerben.
3. Betracht O Mensch / schaw was du bist /
 Du bist der Staub vnd Aschen /
Dein Seel vnd Leib verwickelt ist /
 Mit einer kleinen Maschen.
Wann der Todt kombt vnd löst jhr auff /
 Die Seel vom Leib wird fallen /
Was jhm der Leib thut binden auff /
 Das muß die Seel bezahlen.
4. Du waist wie mancher leyden muß
 Tieff in der Höll darinnen /
Drumb seye fromb vnd thue Buß /
 Sonst must auch ewig brinnen /
Nicht anderst ist die Ewigkeit /
 Als ein sehr weit vnd braiter Ring /
Wann ich schon suche lang vnd brait /
 Find doch kein erst noch letztes Ding.
5. Nimb disen Ring vnd steck jhn an /
 Thue jhn nicht wenig achten /
Die letzte Ding hast du daran /
 Thue sie allzeit betrachten /
Bedenck den Todt / bedenck das Gricht /
 Bedenck die Höll vnd Frewden /
Bedenck was dir wird zugericht /
 Wann nicht die Sünd wirst meyden.
6. Stell dir am ersten für den Todt /
 Bey jhm sey kein erbarmen /

Die

Die Menschen bringt er all ins Koth /
Den Reichen wie den Armen /
Er ist ein Schütz ist mächtig gschwind /
Er laßt mit jhm nicht schertzen /
Sein Pfeil fliegt schnell als wie der Wind /
Trifft dannoch gwiß die Hertzen.

7. Das letzt Gericht dir stelle für /
Ins Hertz thue es abmahlen /
Bedenck es wol / drumb sag ich dir /
Dort muß man all's bezahlen /
Du waist ja nicht wies dir wird gehn /
Wanst fürs Gericht wirst müssen /
Ob du dir trawest dort zu bstehn /
Daß nicht must ewig büssen.

8. Das dritt wird seyn die höllisch Pein /
Was will ich darvon schreiben /
Nur diß alleinig bild dir ein /
Das Ewig werde bleiben /
Alles ist dort vermaledeyt /
Kein Tröst ist nie zu finden /
Ein jeder muß in Ewigkeit /
Bezahlen seine Sünden.

9. Das Himmelreich ist dir bekant /
Was darinn seynd für Freyden /
Es wär ja dir ein grosse Schand /
Wann du wolst dises meyden /
Sih daß den rechten Weeg behalst /
Und fahre fort deßgleichen /

Wann

Wann schon in Creutz vnd Leyden fällst /
 Must dannoch nicht abweichen.
10. Nun hast du die vier letzte Ding /
 Thu allzeit dran gedencken /
Halt deine Sünden nicht so ring /
 Dort wird dir GOTT nichts schencken /
Ob er zwar hie Barmhertzigkeit /
 Thut allen Menschen geben /
Folgt aber streng die Gerechtigkeit /
 Einmal nach disem Leben.
11. Nur gschwind weil Zeit verhanden ist /
 Fang an die Buß zu üben /
Und JESUM der dein Heyland ist /
 Thue forthin mehrers lieben.
Das gute würck / das Böse meid /
 Thue also Christlich leben /
GOTT wird dir dort die ewig Frewd /
 Sambt allen Frommen geben.

Eiv

Ein Lobgesang von dem Leben vnd Wunderthaten deß Heiligen Philippi Nerij Stüffters deß Oratorij der Priester zu Auffhausen sonderbaren heilligen Vatters vnd Patron.

Uber die Melodey Num: 15.

1.

Erfrewet euch allhie zumal /
 Und dancket GOTT von Hertzen al/
Umb seine Gnad vnd Gaben/
 So wir empfangen haben.

2.

Insonderheit vmb jene Gnad /
 So er vnlängst erwisen hat /
Uns allen hie zugeniessen /
 Von fernen lassen fliessen.

3.

Hat nemblich einen Mann gesandt /
 Auß einem fer- vnd frembden Landt /
Mariæ beygeselles /
 Und vns zum Trost erwelet.

4.

Philippus Nerius ist sein Namb /
 In Wort vnd Wercken Wundersamb /
Allzeit in seinem Leben /
 Den hat vns GOTT gegeben.

5. Wol

der Andacht.

S. PHILIPPVS NERIVS CONGREGATIONIS ORATORII FVNDATOR.
IMI
TRIA IN VNO.
Lerch

5.
Wollan so seyes wir wöllen all/
 Jhne mit grossen Frewdenschall/
Für ein Patron erkennen /
 Ein lieben Vatter nennen.

6.
Und sollen wir alle ins gemein /
 Beständig seine Kinder seyn/
Die Andacht zu jhn üeben/
 Und als ein Vatter lieben.

7.
Ich bitte euch nun höret an /
 Wie in der Welt der heilig Mann/
Allzeit in Frombkeit lebet/
 Und nach dem Himmel strebet/

8.
Rom als das Haupt der Christenheit/
 Wird vns von seiner Heiligkeit/
Das gantze Welschland eben /
 Ein Bricht vnd Zeignuß geben.

9.
Er ware zu Florentz geborn /
 Von frommen Elteren außerkorn /
Hat gleich über die massen /
 Sein Fromkeit spüren lassen.

10.
Die Welt hat er bey Zeit veracht /
 Jhr Gelt vnd Gut sambt eitlen Pracht /

E Das

Das Studium vor allen /
 Hat jhm zu Rom gefallen.

11.
Im Fasten ware er wol geübt /
 Er wurde auch gar nit betrübt /
Wann schon drey Tag verflossen /
 Darin er nichts genossen.

12.
Wie schön hat er zu Rom bestelt /
 Zur Andacht siben Kirch erweelt /
Seynd gar offt auß den frommen /
 Vil hundert mit jhm kommen.

13
Zu Nachts blib diser heilig Mann /
 Gar offt bey St: Sebastian /
Under der Erden Klufften /
 Und in der Martyrer Grufften /

14.
Die Armen liebt er also fast /
 Schier keinen ohne Hülff entlast /
Verkaufft die Bücher eben /
 Thut S'geldt den Armen geben.

15.
Auß Gehorsamb wird er Priester gweicht /
 Alsdann mit Frewden hört er Beicht /
Die Sünder zubekehren /
 War aintzig sein begehren.

16. Sein

der Andacht.

16.
Sein Frewd vnd Lust war ohne End/
In Raichung der H. Sacrament/
Dieselbe außzuthailen /
thet er begührig eillen.

17.
Unzalbahr vil mit Sünd beschwert/
Hat er durch seine Lehr bekehrt/
Auffs new Christo gebohren /
Sonst wären sie verlohren.

18.
Damit er alle machte frum /
Stüfft er ein Oratorium,
Mit seinen frommen Gsellen /
So er jhm thet erwälen.

19.
Sein Hertz so fast vor liebe bran /
Daß es die Flamen nit mehr kan /
In jhme gnug verkochen/
Seynd jhm zwey Rippen brochen.

20.
Im Betten offt verzucket war /
Und sonderlich bey dem Altar /
GOtt thet jhn offt erhöben/
Mit einem Glantz vmbgöben.

21.
Einsmal ein Engl zu jhm kamb /

E ij

Und als ein Betler von jhm namb/
Das Allmuß von sein Händen/
So jhm GOTT thäte senden.

22.

Ein andermal bey eiter Nacht/
Hat er den Armen Brodt gebracht/
Thett jhn von Fall vnd Nöthen/
Ein Engl bald erretten.

23.

In Diemuth ist er kommen weit/
Das er sich auch nit hat gescheit/
Alle Ehr so jhm antragen/
Diemüttig abzuschlagen.

24.

Der Diemuth ist gesetzet bey/
Die Gaab vnd Gnad der Prophezey/
Vill Ding thet er vorsagen/
So konfftig sich zutragen.

25.

Sein vnverserte Jungfrawschafft/
Hat in jhm ghabt ein Wunderkrafft/
Durch den Kruch recht zuschetzen/
Die keusch vnd Galle Hertzen.

26.

All Lob vnd Ehr verachtet er/
Und sucht alleinig GOttes Ehr/
Sein Frewd ware hie auff Erden/
Für nichts geachtet werden.

27. Ein

der Andacht.

27.

Ein Jüngling so in Wasser Gfar/
 Zuch er herauß bey seinem Har/
Sein Hülff thet er in gleichen/
 Abwesend villen Reichen.

28.

Vill Krancke auß dem Toden-Bött/
 Hat er durch sein Gebett erzött/
Der zu jhm vmb Hülff eilet/
 Wird von jhm bald gehailet.

29.

Von GOTT hat er so grosse Macht/
 Daß Er ein zu dem Leben bracht/
Der völlig schon gestorben/
 Das Leben noch erworben.

30.

Man findet auch wie das er hat/
 Von GOTT erlanget dise Gnad/
Succession vnd Erben/
 Sehr villen zuerwerben.

31.

Die Muetter GOttes gbenedeyt/
 Erschine jhm mit höchster Frewd/
Gar offt in seinem Leben/
 Mit Engelein vmbgeben.

32.

Einsmal vor seinem End zway Jahr/
 Biß auff den Todt erkrancket war/

Ließ sie jhn nit lang leyden /
　Und macht jhn gsund mit Frewden.

33.
Er Sache offt mit höchster Frewd /
　Wie in die ewig Seeligkeit /
Der Außerwöhlten Scharen /
　Mit Frewd gen Himmel gfaren.

34.
Nach dem er nun durch Gottes Gnad /
　Das achzigst Jahr erlebet hat /
Wolt er mit höchst verlangen /
　Den Lohn von GOtt empfangen.

35.
Am Fest Fronleichnamb JEsu Christ /
　Der heilig Mann gestorben ist /
Sein Seel vom Leib thet scheiden /
　Und fuehr zu Ewig Frewden.

36.
Gleich wie das Leben wunderlich /
　Also im Todt erzeiget sich /
Philippus ohne Macul /
　Thet groß vnd vil Miracul.

37.
Nun bitten wir den heilig Mann /
　Daß er sich auch nemb vnser an /
Ewig mit jhm zu loben /
　GOtt in dem Himmel oben.

38. Das

der Andacht.

38..

Das gebe vns GOtt ins gemein /
 Durch Philippum den Diener seyn /
Daß alle hie auff Erden /
 Auch einmal Seelig werden.

E N D E.

Alles zu grösserem Lob GOTTES vnnd
Ehre Mariæ seiner Muetter / auch allen Außerwöhlten / dann zum Hail der Lebendigen
vnd Trost der Verstorbenen.

Ein Lobgesang zu dem heilig̃ Wunderthättigen Antonio von Padua welches alle Erchtag in der Pfarzkirchen zu Auffhausen vor seinem new auffgerichten Altar gesungen wird.

In der dreyzöhenden Melodey.

1.

Sanct Antoni sey gegrüßt /
　Du Lilgen weisser Mann /
Dein Lob vnd Wunder Heiligkeit /
　Niemand außsprechen kan /
Weil man das Göttlich Kind /
　So alle Ding erschaffen hat /
Bey deinem Hertzen find.

2.

Wer wolt nit dein Liebhaber seyn /
　Antoni Gnadenreich /
Nimb vns auch für Diener dein /
　So wir hie senn zugleich /
Sey vnser Advocat,
　Bey deinem kleinen JEsulein /
Erwerbe vns sein Gnad.

3.

Verlaßt niemal kein frommen Christ /
　Hülffts jedem allzumall /

Auß Trübsall Angst vnd Teüffels-Lüst/
 In disem Jammerthall/
Zu Wasser vnd zu Land /
 Da bist du groß vnd Wunderlich/
Mit gnadenreicher Hand.

4.

Kranckheit ja auch Todts-Gefahr /
 Verdreibest du behend/
Noth/ Ellend/ Trübsall jmmerdar/
 Wird durch dein Fürbitt gwend /
Jenem der dich recht ehrt /
 Kanst du niemal versagen/
Was er von dir begehrt.

5.

Die / so in Strick vnd Banden seyn /
 Werden auch lödig gemacht/
Durch Hülff / vnd auch die Fürbitt dein/
 Zur Freyheit wider bracht /
Die Sünder stehen ab von Sünd/
 Dises erlangt Antonius /
Bey seinem lieben Kind.

6.

Wer wolte die Miracul all /
 Herbringen auff die Pan/
So hie in disem Jammerthall /
 Antonius gethan/
Nun bitten wir auch heunt/
 O heiliger Antonius /
Verbleib auch vnser Freund.

7.
Verlohrne Sachen allerley /
　Antoni wider bringt /
Bey jhm mit rechter Kindlich Trew /
　Man alles wider find /
Wann man nur sprechen wil /
　Wer Wunder sucht vnd Zeichen wil /
Findt / bey Antoni vil.

8.
O Heilger Antoni /
　Wir rueffen all zumall /
Thue vnser doch gedencken /
　Und bitte für vns all /
Befilch vns deinem Kind /
　Vor allem Ubel vns bewahr /
Insonderheit vor Sünd.

9.
Diß Lied soll dir gesungen seyn /
　O Engelischer Mann /
Doch muß der Will das böste thäin /
　Nimb disen Willen an /
Und hülff vns all zugleich /
　GOTT Ewig anzuschawen /
Mit dir im Himmelreich.

1 GOtt zu Ehren.

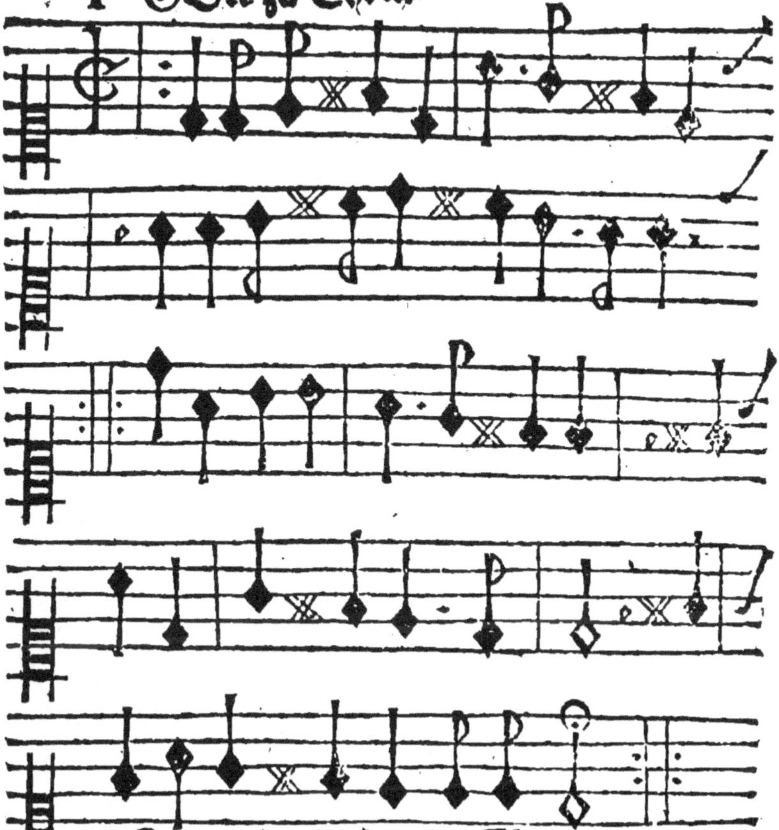

2. Fange an GOtt zu Ehren.

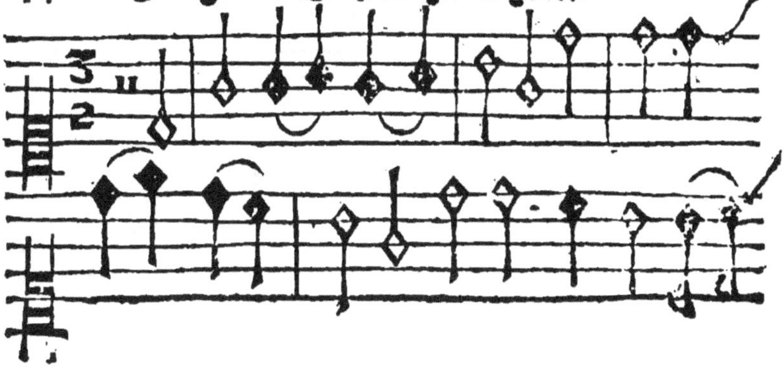

Erschlag.
5. In dem Himmel vnd auff Erden.

6. O lieber Christ.

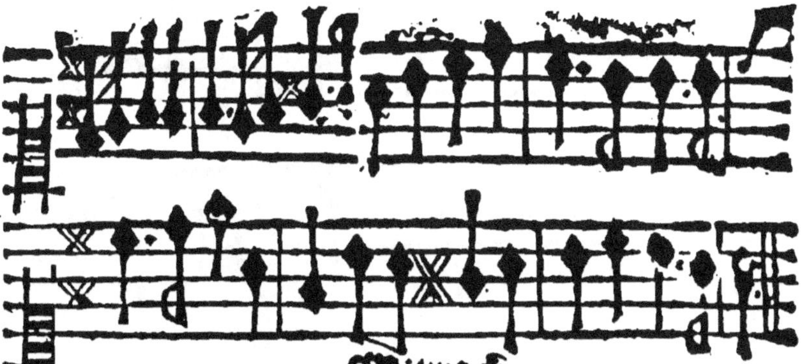

Mitwoch.

7. Heilige Maria.

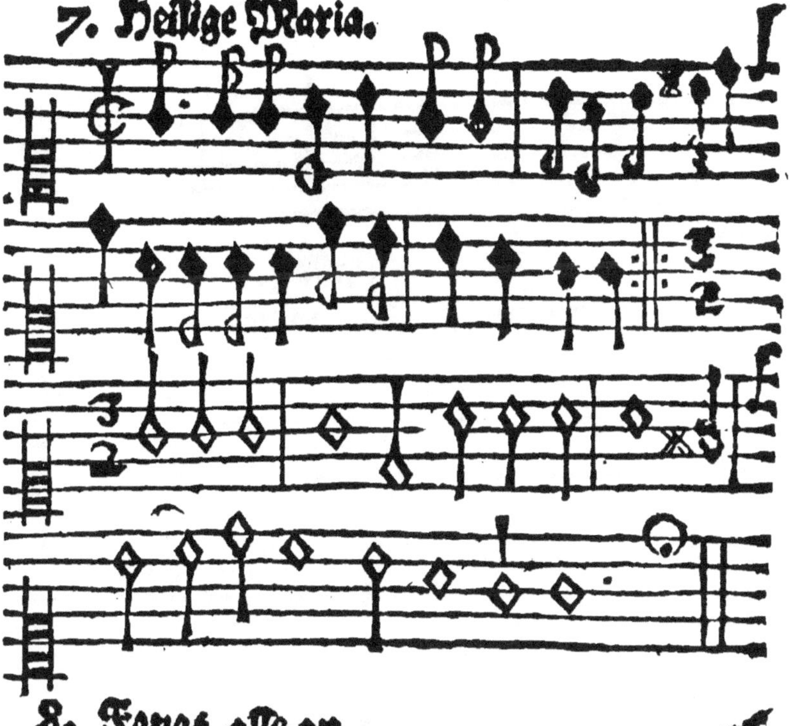

8. Fangt alle an.

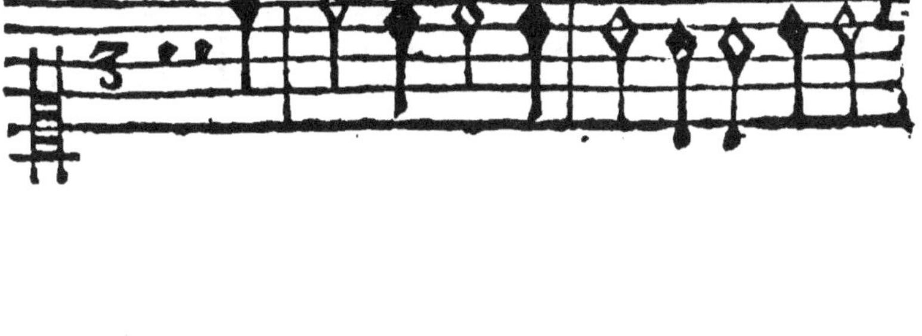

10. Kommet all.

Freytag.
11. Laufft ihr Christen.

XX 5196

XX 5196

Von dem H. Philippo Nerio

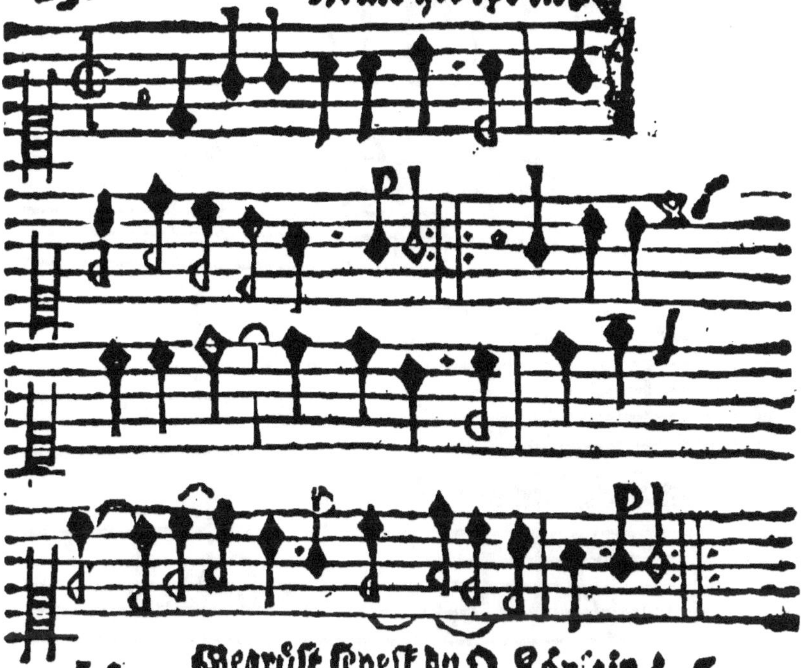
Sambstag.
13.
Komt her ihr lieb
14. Gegrüst seyest du O Königin

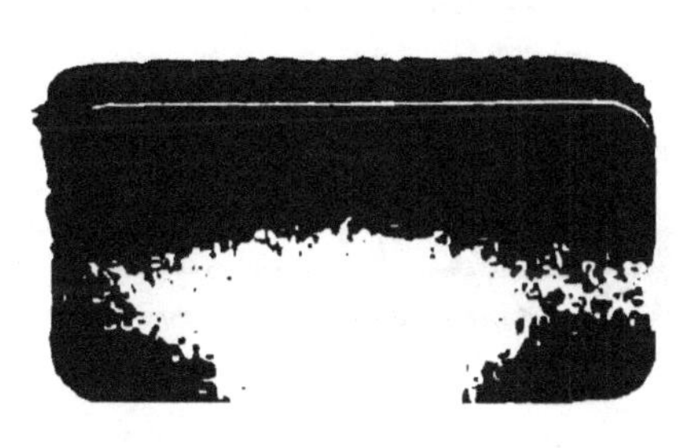

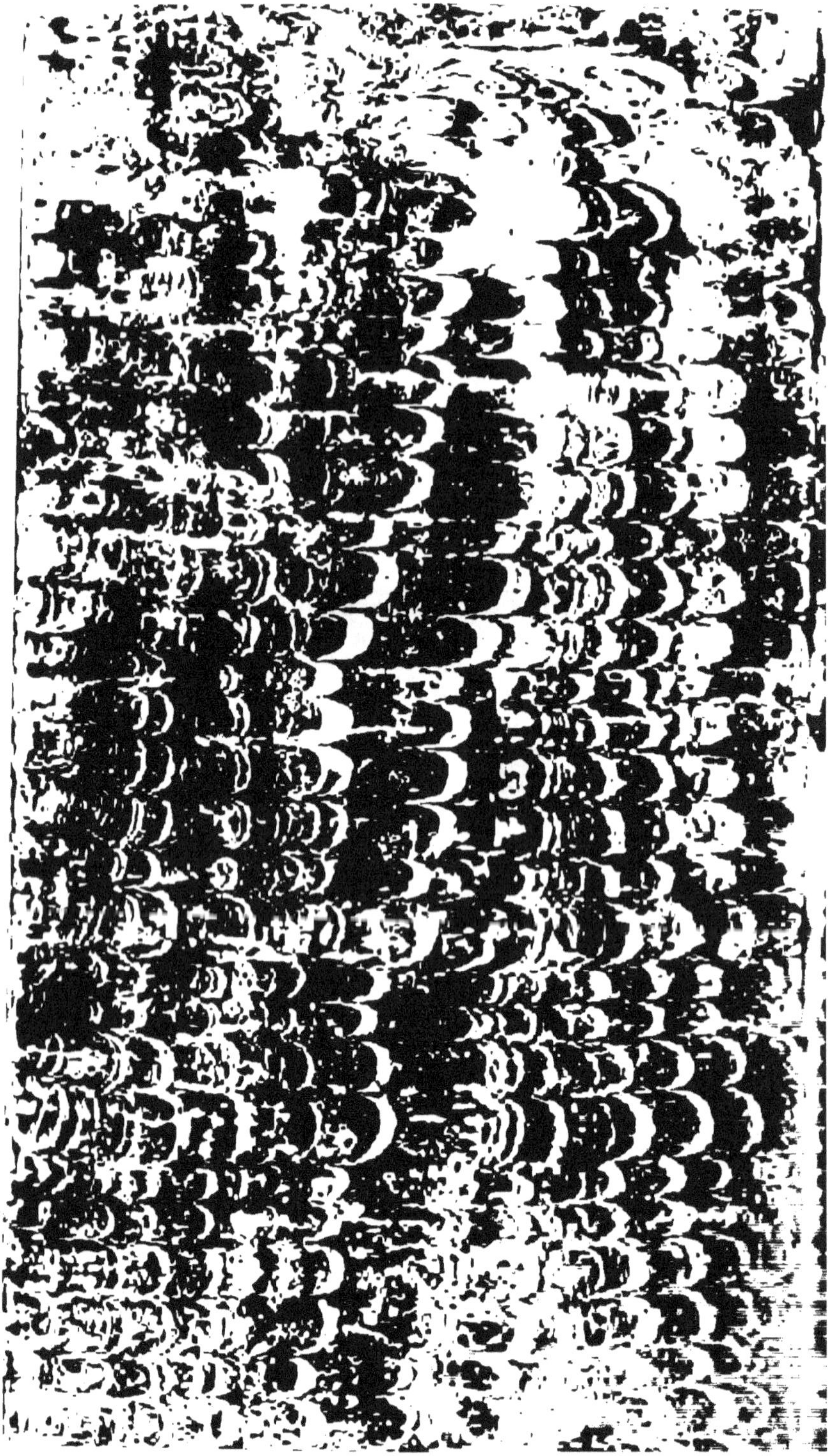

www.ingramcontent.com/pod-product-compliance
Lightning Source LLC
Chambersburg PA
CBHW031406160426
43196CB00007B/915